おとな女子が見たい

世界の絶景100

世界の絶景100選考委員会 編

幻冬舎
MC

Prologue

インターネットの普及で航空券やホテルが簡単に個人で予約できるようになった昨今。私たちにとって、世界はより身近になりました。

反面、ソウル、ホノルル、NY、パリ、ロンドン、ミラノ、ローマ……といった誰もが知る観光スポットでは満足できない、という人も増えたのではないでしょうか。

これまでの旅行先とは違う見たことのない絶景は、たちまち私たちの心をわしづかみにします。これだけ情報があふれている時代に、まだ知らない世界があることを気づかせてくれるのです。

本書で100カ所の絶景を選考したのは、旅行会社で働く4人の女性。デスクワークだけでなく、年に何度も渡航しツアーの企画を立てている“旅のプロ”です。

そんな彼女たちが、実際に足を運んだ場所のなかから、セレブ旅でもバックパッカーでもなく、働く女性が等身大で楽しめる場所をチョイスしました。治安や衛生面が極端によくない場所は外してあるので、いずれも安心して行けるはずです。

そして、掲載している写真はすべて、彼女たちが実際に見て、心で感じたものを写したものです。

プロのカメラマンが撮ったものと比べると少し違うかもしれませんが、逆にいうと、この本を手にとっているみなさんも、足を運べば同じような写真が撮れるということです。

文章もありきたりなガイドブックとは違い、その地を歩いた者だけが知る情報や空気感などができるだけ伝わるように書きました。

“おまけ”として巻末には、 編者4人による座談会コーナーを設けました。お土産編、ハプニング編、ハートウォーミング編、イケメン編（!?）など、旅にまつわるあれこれを本音で語っていますので、参考にしてみてください。

次の休みに、ココに行こう――。

ページをめくり、そんな気分になっていただければ、うれしい限りです。

「おとな女子が見たい　世界の絶景100」編集部

CONTENTS

Chapter 3 Central and South America, North America

［中南米・北米］ 地球の鼓動を肌で感じる、奇跡の景色

Chapter 4

Oceania, Indian Ocean, South Pacific

［オセアニア・インド洋・南太平洋］ **ロマンティックな気分に浸る、南の楽園**

063　ボラボラ島（タヒチ）……138
064　テカポ湖（ニュージーランド）……140
065　タンナ島（バヌアツ）……142
066　ゴロカ（パプアニューギニア）……144
067　エアーズロック（オーストラリア）……146
068　モルディブ（モルディブ）……148
069　セイシェル（セイシェル）……150

Chapter 5

Middle East, East Mediterranean sea

［中近東・東地中海］ **想像をはるかに超えるパノラマ**

070　ペトラ遺跡（ヨルダン）……154
071　サントリーニ島（ギリシャ）……158
072　サハラ砂漠（モロッコ）……162
073　イスファハン（イラン）……166
074　カッパドキア（トルコ）……168
075　イスタンブール（トルコ）……170
076　カシュ・メイサ島（トルコ・ギリシャ）……172
077　パムッカレ（トルコ）……174
078　メテオラ修道院（ギリシャ）……175
079　エルサレム（イスラエル）……176
080　アブシンベル（エジプト）……178
081　白砂漠（エジプト）……180
082　死海（ヨルダン）……181
083　シャウエン（モロッコ）……182
084　タメルザ渓谷と山岳オアシス（チュニジア）……184
085　ガルダイア（アルジェリア）……185

※本書の情報は2015年6月現在のものです。物価や治安は変動するためあくまでも目安にしてください。
また、編者が実際に旅した主観のもとに執筆しています。実際に旅をする際は個人の責任において行動してください。

Chapter 6 Africa
[アフリカ] あるがままの自然に彩られた大地

- 086　マサイマラ動物保護区（ケニア）……188
- 087　オカバンゴ・デルタ、モレミ動物保護区（ボツワナ）……192
- 088　ナミブ砂漠（ナミビア）……196
- 089　ロイサバ動物保護区（ケニア）……200
- 090　ザンジバル島（タンザニア）……202
- 091　セレンゲティ国立公園（タンザニア）……204
- 092　ンゴロンゴロ動物保護区（タンザニア）……206
- 093　カタヴィ国立公園（タンザニア）……208
- 094　クルーガー国立公園（南アフリカ）……210
- 095　ビクトリアの滝（ジンバブエ・ザンビア）……212
- 096　メロエのピラミッド群（スーダン）……214
- 097　ボルカノ国立公園／ブウィンディ原生国立公園（ルワンダ・ウガンダ）……216
- 098　サウスルアングア国立公園（ザンビア）……218
- 099　バオバブの並木道・ベレンティ（マダガスカル）……220
- 100　ラリベラ（エチオピア）……221

Chapter 7 World travel tips & articles
絶景旅を楽しむための、知っておきたい旅のあれこれ

だから私は旅に出る……224
世界のなんでもランキング……230

Epilogue……237

この本の使い方

No.001 Information

旅の予算。 → ¥
ベストシーズン。 → 👣
難易度のレベル。 → 難易度
★が多いほど
上級者向けのスポット。

国名　ブータン
¥　23万〜31万円
👣　3〜5月、10〜11月
難易度　★★★☆☆
誰と?　☑1人　☑カップル　☑ハネムーン
　　　　☑夫婦　☑友達と　☑親と
　　　　☐子連れで

Chapter 1

Asia

[アジア]

神さまのパワーを体いっぱいに感じるスポット

近年、急激な発展を遂げる都市もありますが、ちょっと足をのばせば、まだ昔ながらの生活や手つかずの自然が残っているアジア。活気あふれる町並み、美しい遺跡や寺院は世界中の人をひきつけます。日本とどこか似ていて、落ち着く感じがするのも魅力のひとつ。距離や費用の面からも、比較的手軽に行けるのでひとり旅にももってこい。ぽっかり空いた次の休みを利用して出かけてみてはいかがでしょうか。

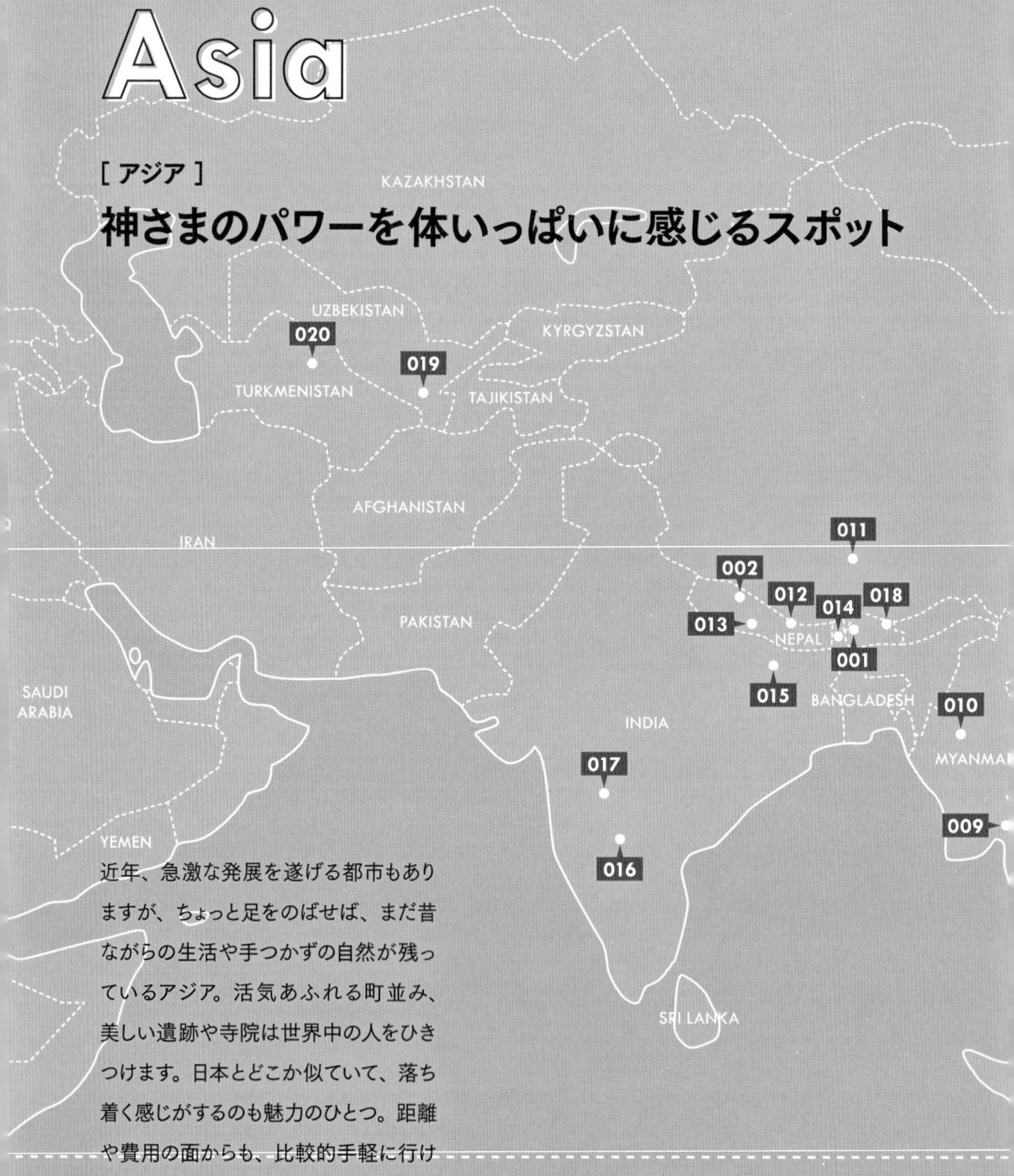

004
MONGOLIA
CHINA
003
008
LAOS
ILAND
006
CAMBODIA
007
VIET NAM
005
PHILIPPINES

標高約3000mの山肌に張りつく信仰の聖地（タクツァン僧院／ブータン）

今も僧侶が修行する生きた僧院。ブータンはチベット仏教を国教とする唯一の国。

標高3800m地点でキャンプはいかが？流れ星も見える。

旗のような布「ダルシン」にはお経がびっちり書かれている。

001

タクツァン僧院 ブータン

澄んだ瞳のブータン人に「幸せの国」を実感

ヒマラヤのシャングリラ（桃源郷）として知られる仏教王国、ブータン。20世紀後半まで鎖国状態だったため、手つかずの自然と、自給自足を基盤にした生活文化が残っています。中国とインドの２大国に挟まれていますが、インド文化の影響は少なく、チベット仏教を国教とし、人々の暮らしには、篤く尊い信仰が根づいています。旅の間、「ゾン」や「ラカン」と呼ばれるお寺や仏塔を至る所で目にし、熱心に参拝する人にも必ず出会います。

ブータンで最大の見どころのひとつが信仰の聖地でもあるタクツァン僧院。標高約3000mの山肌に張りつくように建てられ、今も僧侶が修行している生きた僧院です。

「ゴ」という伝統衣装を着た学生さんたち。
純粋でやさしいブータン人にキュンとくるかも!?

1回まわすと1回徳を積むといわれているマニ車。
ブータン人の生活には欠かせない仏具。

断崖絶壁に立つ仏教の聖地で心を浄化

その昔ブータンに仏教を伝えた高僧、パドマ・サンババが建立したとされ、彼が虎の背中に乗ってここまで飛んできたという伝説から、別名“タイガーズネスト”ともいわれています。山岳国家ブータンを代表する絶景なのですが、そばにいって拝むには少し気合いが必要です。道路がないので、手段は徒歩のみ（途中まで馬がいるが、慣れないとかえってつらい）。軽く登山をするつもりで、ひたすら九十九折《つづらおり》の坂道を上ります。途中、第一展望台、第二展望台を経由し、最後に急な階段を下り、ようやく到着！

贅沢に顔料と金粉を使った美しい寺院が断崖絶壁に溶け込んでいます。なぜここに？ その不思議な光景は見る者を釘づけにします。印象的なのが、掲げられた無数の旗。よく見ると、お経が書かれていて、風ではためくたびに祈りが天に届くといわれています。

凛とした空気と厳かなオーラにしばらく佇んでいると、なぜか体が軽く、穏やかな気持ちになるのがわかります。

ブータンの人は私たち観光客にとても親切にしてくれます。山間の風景、米を食べる文化、日本の着物に似た伝統衣装など、共通点が多いのも、旅人がほっとさせられる所以でしょう。

ブータン式
露天風呂
「ドツォ」。

No.001 Information

国名	ブータン
¥	23万〜31万円
(足跡)	3〜5月、10〜11月
難易度	★★★☆☆
誰と?	☑1人　☑カップル　☑ハネムーン　☑夫婦　☑友達と　☑親と　□子連れで

PLAN

1日目	東京発→バンコク着
2日目	バンコク→パロ泊
3日目	タクツァン僧院観光
4日目	パロ泊
5日目	パロ発
6日目	東京着

POINT

タクツァン僧院は見学や休憩も含め、往復で約5〜6時間かかる。途中の展望台まで歩くだけでも僧院の全景を眺められる（片道45分ほど）。なかは写真禁止。入口で貴重品以外はすべて預ける。男性は襟つきの服が必要。また、僧侶の体に触ったり、子どもの頭をなでるのもご法度。

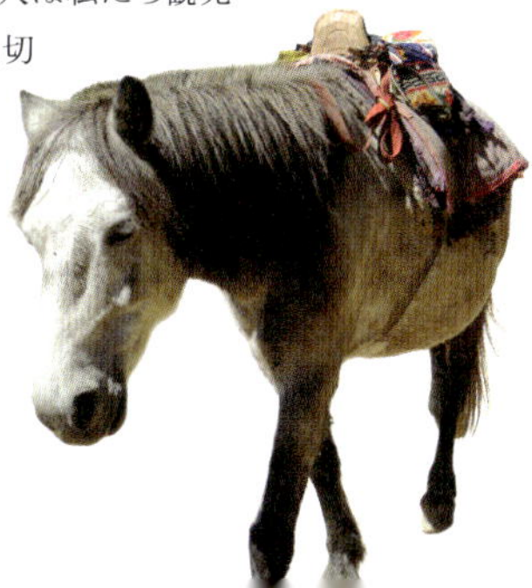

途中まで
馬に乗っても
OK!

ホテル「タサン・ビレッジ」からの眺望（ナウリコット／ネパール）

ジョムソンからムクティナートへの道。

002

ナウリコット ネパール

大迫力！ 青い空に浮かぶ純白のダウラギリ峰

アンナプルナ連峰と湖に抱かれた楽園ポカラ。標高わずか800mから8000m級のヒマラヤを見ることができます。高低差からいっても世界で類を見ず、ポカラはネパール観光において必見の場所です。

しかし、せっかくネパールに行くのだから、もっと近くでヒマラヤを見たい！ という人は山岳ロッジに泊まってみてはいかがでしょう。

標高2650mにある小さな村、ナウリコットの高台に位置する「タサン・ビレッジ」は、オーナー自らが建てたぬくもりのあるロッジ。正面に世界第7位の高峰ダウラギリ（8167m）、背後にはニルギリ（7061m）、アンナプルナ（8091m）、ツクチェピーク（6920m）など、四方を美しい

ヘリで周遊する優雅なプランもあるよ。

オーナーの“トラちゃん”は日本語ペラペラ！

タサン・ビレッジの朝ごはん、チャンパポリッジ。

山に囲まれた最高のロケーションにあります。ダウラギリ大氷河もちょうど目の前に見え、見晴らしは文句なし！

素朴だけど機能的な 山上ロッジでトレッキング三昧

風の通り道といわれる場所だけあって開放感も抜群です。谷底からムクムクと湧き出した雲が、風で広がっていくシーンはとても幻想的です。ここを拠点にしたトレッキングコースもたくさんあり、山好きなら少なくとも２～３泊はしたいところ。標高は3000m以下なので、高山病の心配もほとんどなく、安心して山歩きができます。なかでも、ショコンレイクは海外トレッキング初心者におすすめです。往復約５時間の行程ですが、小川を渡ったり、湖畔でお弁当を食べたり……ピクニック感覚で楽しめます。

ホテルではなく山岳ロッジというと、少々居心地が気になりますが、ここは快適そのもの。清潔な客室と日本人の口に合う食事でもてなしてくれます（日本食が美味！）。近くにリンゴ果樹園があるため、リンゴジュースもおいしい！　寒い夜は湯たんぽを用意してくれるので、快適に眠れます。なんとオーナーは日本語もペラペラ。暖炉のあるラウンジで、山の話や人生ドラマを聞くのも楽しみのひとつです。

標高 7061m のニルギリとショコンレイク。

喉が乾いたら
リンゴジュースを
めし上がれ♪

思わず大声で山に向かって叫びたくなる開放感。

No.002 Information

国名　ネパール

¥　18万～25万円

10～4月

難易度　★★★★★

誰と？　☑1人　☑カップル　☐ハネムーン　☐夫婦　☑友達と　☐親と　☐子連れで

PLAN

NEPAL IMMIGRATION
010
DEPARTED
TIA, KATHMANDU

1日目　東京発

2日目　カトマンズ着→ポカラ泊

3日目　ポカラ→ナウリコット泊

4-6日目　ナウリコット→ポカラまでトレッキングを楽しむ

7-8日目　ポカラ→カトマンズ発→東京着

POINT

トレッキングシューズ、ダウンジャケットなどは必需品。日本からネパールへの直行便がなく香港経由が一般的。前後にポカラやカトマンズに立ち寄ると、10日間以上の滞在がおすすめ。ここだけでも行く価値はあるので、大型連休やリフレッシュ休暇がとれた際にはぜひ！

トン族の村のなかで、もっとも歴史が古く美しい村。

003

肇興《サウシン》 貴州省少数民族の村々 中国

懐かしい風景と少数民族に出会う旅

キラキラ
トン族。

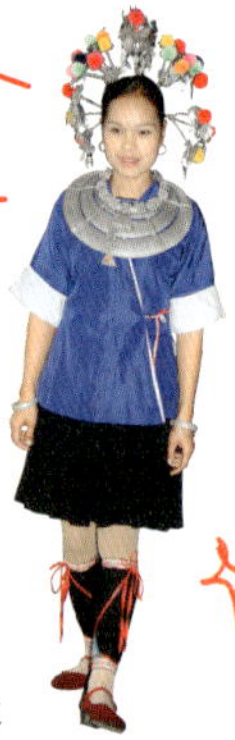

中国・貴州省には、過酷な自然条件のなか、独特の暮らしを営む少数民族の里が点在しています。ひとつはミャオ族で、彼らは言語や民族衣装の色彩などでいろいろな種族にわかれています。木製の大きな櫛の上につけ毛を巻きつけている長角ミャオ族、刺繍を施した前掛けに銀色のアクセサリーをつけた短裾ミャオ族……見た目の違いはありますが、どのミャオ族もとてもおしゃれ。そして、精一杯のもてなしで観光客を喜ばせてくれます。歓迎の盃で酒をふるまい、村の広場で華やかなダンスを披露してくれる歓迎式は必見です。

一方、「木の民」と呼ばれ、優れた木

木造建築の技術が
結集された村は
映画のセットのよう。

左／青の衣装に銀のアクセサリーが特徴的なミャオ族。

造建築をつくる民族がトン族。彼らがもっとも多く暮らす「肇興」は、情緒にあふれています。シンボルとなっているのが、村の中心にそびえ立つ５つの“鼓楼”。幾重にも重ねられた屋根は釘や金属をいっさい使っていないというので驚きです。また、清らかな小川にかかる橋の数カ所に東屋をつくり、その間を瓦葺の屋根でつないだ“風雨橋”も印象的な風景をつくり出しています。石畳の目抜き通りに軒を連ねる旅館や食堂はすべて木造建築。この村では特別なものを除き、コンクリートの建物はご法度なのだとか。

水牛の角のように大きく結われた髪形がミッキーマウスみたいな長角ミャオ族。

かまどから立ちのぼる煙に郷愁を感じて

夕暮れどき、あちらこちらの家から立ちのぼる白い煙が見えたら、それは食事の支度をする、かまどの煙です。その風景は、日本の古きよき時代を彷彿とさせ、郷愁にかられます。

トン族は歌がとても得意です。男女は恋愛をする際、グループで歌を歌い、お互いの気持ちを伝え合うといいます。民族衣装は青、藍、白、紫を基調とし、女性は頭にスカーフや銀の飾りを乗せているのが特徴です。

のどかな風景とともに少数民族文化の一端に触れる旅は滋味豊か。帰国してからも、故郷を懐かしむように、じわじわと感動が押し寄せてくるのです。

瓦屋根と棚田のコントラストが美しいトン族の村。メインストリートは1kmほどと小さい。

No.003 Information

国名	中国
¥	18万～26万円
	5～11月
難易度	★★★☆☆
誰と?	☑1人 ☐カップル ☐ハネムーン ☑夫婦 ☑友達と ☑親と ☐子連れで

PLAN

1日目	東京発→貴陽泊
2日目	貴陽→西江→雷山泊
3日目	雷山→肇興観光
4日目	肇興→地坪→榕江泊
5日目	榕江→三都→貴陽泊
6日目	貴陽発→東京着

POINT

豆腐や納豆など大豆をよく食べる地方で、長寿な人が多いことでも有名。豆腐や野菜中心の食事は油っこくなく日本人の口にも合う。ヘルシーなのでたくさん食べて栄養補給！ 藍染や刺繍などの手づくりの雑貨、アクセサリーはどれもかわいく、リーズナブル。お土産にぜひ。

ウンドゥルシレットの観光客用ゲル。虹の大アーチは日本じゃなかなか見られない！

004

モンゴル大草原　モンゴル

“なにもしない時間を楽しむ” 遊牧民流のんびり旅のすすめ！

モンゴルと聞いて、イメージするのはどこまでも続く緑の草原と青い空。そんな、ザ・モンゴルを満喫するなら、首都ウランバートルから車で移動。南西へ約200kmの場所にある「ウンドゥルシレット・リバーサイドキャンプ」を訪れるといいでしょう。ここには、芸術的な建造物や、きらびやかなショッピングストリートは存在しません。あるのは、大地と空と家畜、そしてゆったり流れる時間です。

海外旅行というと、今日はここ、明日はあそこと、ついスケジュールを詰め込みたくなります。しかし、ここでの醍醐味は、“なにもしない時間を楽しむ”こと。散歩をしたり、星を眺めたり、お酒を飲んだり……はたまた遊牧民の生活に触れたり、素朴な料理を食べたり……刺激的とはいえないけれど、なんだかとても楽しく、心豊かになるのを実感できるのがモンゴルです。人々は日本人と顔が似ていて親しみやすく、何気ない触れ合いでも、心を許しあえる瞬間に幸せを感じるでしょう。

どこまでも広がる大草原。
カヌーでの川下りやハイキングも楽しめる。

モンゴル馬は小柄でおっとり。

大草原を
馬で駆けめぐると
気持ちいいよ〜。

移動式住居「ゲル」で、
モンゴル大草原の暮らしを体験

宿泊施設はやっぱり遊牧民の移動式住居、ゲルがおすすめです。内部はいたってシンプルですが、観光客向けなら電気はもちろん、水洗トイレ、温水シャワーを使える部屋もあるので、ワイルドな旅行に慣れていない人も快適に過ごすことができます。

そんな、のんびり旅行のハイライトとなるのが、熱気球フライト。空から見下ろす大草原のパノラマはまた格別です。タイミングが合えば、日の出か日の入りタイムを狙うといいでしょう。オレンジ色に輝く大地を目にすれば、悩みやストレスはどこへやら。忘れかけていた純粋な感性を取り戻せる瞬間でもあります。

なかには馬で移動しながらキャンプ、遊牧民の家にホームステイ、というディープなツアーもあるので、アクティブ派は要チェック。

ベストシーズンは7月〜９月。緑が色濃くなった草原からは、すがすがしいハーブの香りが漂うので、思い切り深呼吸をしてみましょう。

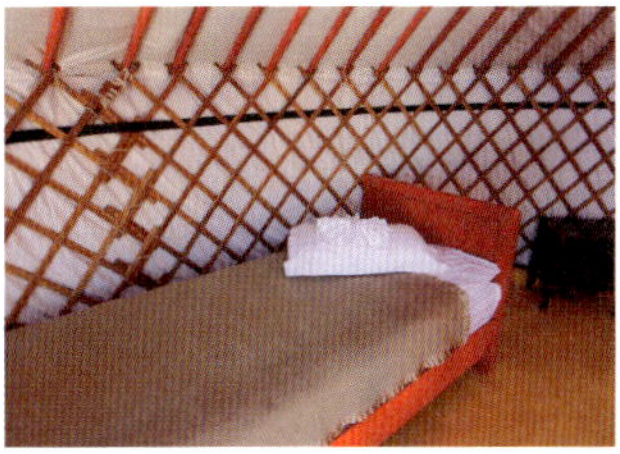

質素だけど快適なゲル。
ホームステイなら手料理も楽しみ。

民族衣装は
部族や年齢によって
さまざま。

No.004 Information

国名	モンゴル
¥	18万〜25万円
	7〜9月
難易度	★☆☆☆☆
誰と?	☑1人　☑カップル　□ハネムーン ☑夫婦　☑友達と　□親と ☑子連れで

PLAN

1日目	東京発→ウランバートル着
2日目	ウランバートル→ウンドゥルシレットへ
3日目	乗馬トレッキングと遊牧民のゲル訪問
4日目	熱気球フライト
5日目	ウンドゥルシレット→ウランバートルへ
6日目	ウランバートル発→東京着

POINT

夏でも朝晩は冷えるので温度調節のできる服装が必要。春や秋なら、スキー場に行くような重装備でもOK。使い捨てカイロもあると便利。乾燥対策の保湿クリーム、紫外線対策の帽子、日焼け止め、サングラスも忘れずに。

過酷な峠道を抜けると絶景が広がる!

005

バナウエ　フィリピン

世界最大規模の棚田はスケールが桁違い!

マニラから車で北上すること約10時間。コルディリェラ山脈の中央に位置するイフガオ州にバナウエはあります。ここで必見のスポットは1995年に世界遺産に登録された世界最大規模の棚田、ライステラスです。日本にも棚田はありますが、スケールが桁違い。険しい山を切り開いて階段状につくられた棚田は山間民族が2000年以上のときをかけて築き上げてきた血と汗の結晶なのです。その姿は「天国への階段」と称され、すべての棚田を平にのばすと2万km、地球半周分の長さになるとか。

棚田は広範囲に点在していますが、一番のおすすめはバタット村。徒歩でしか行くことのできない過酷な道のりですが一見の価値はあります。ジプニーで行ける最後のポイントからは、杖をつきながら凸凹道を歩くこと約1時間。ここまでくると、秘境感はマックス！　すり鉢状に広がる棚田と底にある素朴な村の景色は壮観

ジプニーに
乗って
ライステラスへ!

棚田が織りなす幾何学模様！
棚田の景色はペソ紙幣にもなっている。

山岳民族のイフガオ族は明るくノリノリ！
「バナウエホテル」では民族舞踊ショーも。

で、疲れが一瞬にして吹っ飛びます。それにしても、なぜこんな急斜面に田んぼをつくったの？「世界８番目の不思議」といわれているのも納得です。

温泉地のようなのどかな風景に旅情をそそられる

周辺には、その棚田をつくり上げたイフガオ族が暮らしています。赤い民族衣装を着た人々は、とってもノリがよく元気。カメラを向けると「ワケワケー！」と叫ぶ姿にパワーをもらえるでしょう。

車で手軽に行けるバナウエ・ビュー・ポイントも記念撮影にはもってこいです。棚田の一番下から最上部までは1500m。面積は250㎢と壮大。フィリピンの人々のたくましい生命力を改めて感じます。

村の小さな宿も味わい満点。朝は真っ白な霧に包まれ、旅情をそそります。テラスでいただく香り高いネイティブライス（棚田の米）や野菜がたっぷりの郷土料理、そして淹れたてのコーヒーの味は忘れられないものとなるでしょう。

ベストシーズンは苗が育ち、気候も安定する3月〜4月。ライステラスに水が溜まり、水田に空が映し出され美しさを増します。

バナウエの町角はザ・アジア。
市場も覗いてみよう！

No.005 Information

国名　フィリピン
¥　16万〜22万円
　3〜4月
難易度　★★★☆☆
誰と？　☑1人　☑カップル　☐ハネムーン
☐夫婦　☑友達と　☐親と
☐子連れで

PLAN

1日目　東京発→マニラ着
2日目　マニラ→バナウエ
3日目　バナウエのライステラス見学
4日目　バタット村トレッキング
5日目　バナウエ→マニラ泊
6日目　マニラ発→東京着

POINT

棚田観光はトレッキングなので、靴や服などそれなりの準備を。標高1500m以上あるので朝晩は冷え込む。玄関口のマニラはショッピング天国。“プチプラ”の宝庫なので、ついつい荷物が増えてしまう。スーツケースのスペースには余裕をもっておこう。

アンコールワットからの日の出を拝む。

006

アンコール遺跡 カンボジア

密林のなかの遺跡でどっぷり歴史ロマンに浸ろう

1992年に世界遺産となったアンコール遺跡。9世紀から600年あまり繁栄を極めたクメール王朝の遺跡です。世界的に有名なアンコールワットやアンコールトム以外にも、周囲には見るべき遺跡がたくさん残っているので、最低でも3泊してとことん満喫したいものです。

そのうちのひとつ、ベンメリア寺院は、全貌が明らかになればアンコールワットをしのぐ規模になると予想されている未開の遺跡。あの『天空の城ラピュタ』のモデルのひとつだといわれています。密林の奥に潜む水中寺院クバルスピアンも時間をつくって訪れたいスポット。片道約40分の登山を経て山頂に着くと、川や滝のなかにさまざまなモニュメントが見られます。

アンコールトムの「バイヨンの微笑み」。よ〜く見ると誰かに似てるかも!?

サンポール・プレイ・クックはおよそ1400年の歴史をもつ遺跡群。密林のなかにあるため、とっても静か。立ち止まれば風が葉を揺らす音しか聞こえず、「当時の人も同じ音を聞いていたのかな〜」と歴史ロマンにどっぷり浸れるスポットです。

タイの国境に近いバンテアイ・チュマールも秘境感満点の遺跡。なかでも寺院の回廊に刻まれた千手観音のレリーフは必見です。

マーケットで食料事情をチェック!

遺跡ファン必見!
安・近・短で行ける世界遺産

そして、これらの観光拠点となる町がシェムリアップ。設備の整ったリゾートホテルやショッピングモールも増えて便利になりましたが、昔から変わらないマーケットもにぎわっているので覗いてみると楽しいでしょう。豊富な野菜や肉、近郊のトンレサップ湖で捕れた新鮮な魚などがところ狭しと並ぶさまは、まさに庶民の台所。雑貨店で買えるカンボジアシルクを使った商品やコショウなどはお土産に最適です。

日本では食べられないカエルやタガメを使った料理も意外とイケる(!?)ので、興味のある人はトライしてみましょう。

日本から“安・近・短”で行けることもあり、常に注目されているスポットです。まだ行ったことのない人は、次の休暇にいかがでしょう。

遺跡にからみつく、しつこい巨大樹林。
『トゥームレイダー』のロケ地としても有名なタプロム寺院。

虫も案外おいしいよ〜。

カンボジア料理はからいものが苦手な人でも大丈夫!

No.006 Information

国名　カンボジア

¥　7万〜12万円

11〜3月

難易度　★☆☆☆☆

誰と?　☑1人　☑カップル　☐ハネムーン　☑夫婦　☑友達と　☑親と　☑子連れで

PLAN

1日目　東京発→シェムリアップ着

2-3日目　アンコールトム、アンコールワット観光、バンテアイ・スレイ、タプロム、プレループ、東メボン、プリアカン観光

4日目　トンレサップ湖クルーズ、シェムリアップ発

5日目　東京着

POINT

豪華なリゾートホテルに泊まるもよし、リーズナブルなホテルに泊まるもよし。予算に応じていろいろな楽しみ方ができるカンボジア。ベストシーズンは11月〜3月。服装は1年を通じて日本の夏服でOK。紫外線対策グッズのほか、ホコリよけも忘れずに。

16世紀からの面影を残す古い町並み。

007

ホイアン ベトナム

かつて日本人が暮らしていたベトナムの古都

都市ごとでまったく表情の違うベトナムですが、商業都市のホーチミンやハノイと違い、古都の顔をもつのがホイアンです。かつて中国、インド、アラブを結ぶ交易の中心として栄え、最盛期には1000人もの日本人が暮らしていました。細長いつくりの古い家並みは、京都の町屋のような風情。今は、博物館やギャラリー、ホイアン名物のランタンなどのブティックになっているので、シクロ(自転車タクシー)で散策するのがおすすめです。ところどころで懐かしさを感じるのは、日本人の名残があるからかもしれません。近年、町はずれのビーチ沿いや川沿いには高級リゾートが建設され、リゾートライフが満喫できるのもホイアンの魅力です。

左／町歩きで疲れたら、ビーチでまったり〜。
右／毎月、満月の夜に開催されるランタン祭も要チェック！

No.007 Information

国名	ベトナム
¥	5万〜17万円
(足跡)	3〜7月、ビーチは5〜7月
難易度	★☆☆☆☆
誰と?	☑1人　☑カップル　□ハネムーン　☑夫婦　☑友達と　☑親と　☑子連れで

PLAN

- 1日目　東京発→ホーチミン着→ダナン泊
- 2日目　ダナン→ホイアン泊
- 3日目　ホイアン観光
- 4日目　ホイアン→フエ観光
- 5日目　フエ発
- 6日目　東京着

POINT

ホイアンの雨季は9月〜12月。比較的涼しいので、羽織りものが必要。日差しが強いので帽子、サングラス、日焼け止めも必須。ベトナムといえばヌックマムだが、ベトナム航空はもち込み禁止。その他の航空会社も没収される事例が多いので要注意。

僧侶が鉢を肩から掛け町の中心部を練り歩く「托鉢」。

008

ルアンプラバン　ラオス

自然のなか、いきいきと暮らす人々に心安らぐ

カーン川とメコン川の合流地点に位置する緑豊かな町、ルアンプラバン。美しい町並みと、歴史的遺跡保護の観点から世界遺産に指定されているこの町は、ラオスに行くなら必ず訪れたいところ。ここでは、早朝の托鉢風景からナイトマーケットまで、1日が長く感じられます。朝5時半過ぎ、僧侶が鉢を肩から掛け町を練り歩き、信者がもち米をお布施するシーンが印象的です。まだ夜が明けきらないうちに店先でもち米を炊く様子から、人々の深い信仰心が伝わるでしょう。打って変わって、ナイトマーケットはエキサイティング。布でつくった動物の置物、バッグやスカーフなど雑貨の宝庫です。ほしいものが見つかったら、まず値段交渉を。

左／ゆったりとした空気が流れるメコン川。川下りもできるよ。
右／ナイトマーケットでラオス料理にトライしてみよう！

No.008

国名	ラオス
¥	8万～16万円
👣	11～4月
難易度	★☆☆☆☆
誰と?	☑1人　☑カップル □ハネムーン　☑夫婦 ☑友達と　☑親と ☑子連れで

PLAN

1日目	東京発→ルアンプラバン着
2日目	ルアンプラバン観光
3日目	ルアンプラバン→ ヴィエンチャン泊
4日目	ヴィエンチャン→パクセ泊
5日目	パクセ発
6日目	東京着

POINT

治安はいいので、女性ひとりで町を歩いても安心です。仏教国なので、僧侶に触れたり、子どもの頭をなでるのはタブー。料理は野菜やハーブをふんだんに使ったヘルシーなものが中心。それほどスパイシーでなく食べやすい。主食のもち米もおいしい。

トラックバスの
乗車率は
200%!?

夜になると
ライトアップされ、
いっそう金ぴかに!

ブッダを象徴する金色の岩。
「お金ができたらまずお寺に寄付をする」ほど信仰心の篤いミャンマーの人々。

009

チャイティヨーパゴダ　ミャンマー

落ちそうで落ちない不思議な岩にドキドキ

見るからに不思議な黄金の岩。その名も「ゴールデンロック」はチャイティヨーパゴダにあり、ミャンマーの仏教徒が一生に一度は訪れたいという巡礼地のひとつです。

旧首都ヤンゴンから、まずは車で5時間かけキンプンという町へ移動します。さらにトラックバスにて麓のヤテタウンへ。最後に1時間ほど歩き頂上を目指します。体力に自信がない人は籠で担いでもらうこともできますが、可能ならば自力で上がりたいもの。若干疲れますが、途中、見晴らしのいい喫茶店でひと息つくのも、いい思い出です。

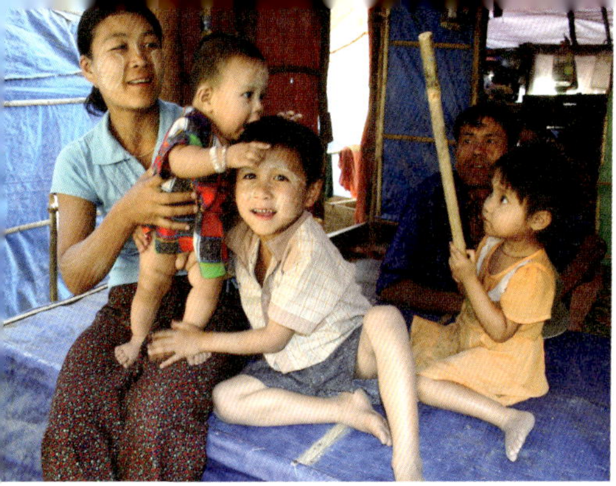

元気に遊ぶ地元の子どもたち。
人々の暮らしが間近で見られるのも楽しい。

男性にしか触ることが許されていない神秘の岩。
女性は柵の外側から覗こう。

徐々に正体をあらわにするナゾの物体にワクワクしながら足を進めると……燦然と輝く岩が登場します。落ちそうで落ちない、微妙なバランスを長きにわたり保っているのは、まさに神がかり！　なぜ、こんなところに岩が？　自然が織りなす不思議な現象に感心せざるをえません。

地元で暮らす人の息吹が感じられる仏教の聖地

岩の上には高さ 7m の仏塔がちょこんと乗っていますが、一説によるとブッダの頭髪の上に建てられたとか。そして金色の正体は信者から寄付された金箔。近くの売店で購入し、ぺたっと貼ると願いが叶うといわれていますが、それができるのは男性のみ。残念ながら女性は柵の外からの見学になります。

仏教の聖地なので、周囲は熱心な巡礼者でいっぱいですが、座って井戸端会議をする女性たち、木陰で昼寝をするお兄さん、走り回って遊ぶ子ども、愛を語らう恋人たちなど、飾らない地元の暮らしが垣間見られるのも、楽しみのひとつです。

旅程に余裕があれば、近くのホテルに泊まるのがおすすめ。ライトアップされたゴールデンロックは輝きを増し、一層神秘的になります。3 度参拝するとお金持ちになるといわれていますので、興味のある人はぜひ。

女性たちは、
日焼け止めの
「タナカ」を
塗っているよ。

山頂まであと一歩。
眺めのいい
カフェでひと休み。

No.009 Information

国名	ミャンマー
¥	15万～25万円
	11～4月
難易度	★★☆☆☆
誰と？	☑1人　☑カップル　□ハネムーン ☑夫婦　☑友達と　□親と ☑子連れで

PLAN

1日目	東京発→ヤンゴン泊
2日目	ヤンゴン→パガン泊
3日目	パガン→チャイティヨー泊
4日目	チャイティヨー→ヤンゴン泊
5日目	ヤンゴン発
6日目	東京着

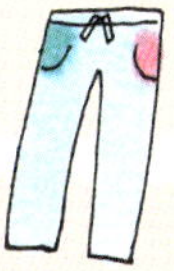

POINT

ミャンマーはビザが必要。チャイティヨーパゴダに行くには歩きやすい靴、動きやすい服装で。現地の女性や子どもは木の幹をすりおろした黄色いペースト「タナカ」を日焼け止めとして使っている。ミャンマーならではのレアなお土産にいかが？

朝焼けに染まる神秘的な遺跡群。

010

パガン遺跡　ミャンマー

無数の仏塔が林立するミャンマー仏教の聖地

パガンはミャンマーの中心にある壮大な仏教遺跡群です。パガン王朝が栄えた11世紀から13世紀には数十万ものパゴダ（仏塔）が建てられたそうですが、現在残っているのは3000基ほど。だいぶ減ってしまったとはいえ、40㎢にわたる平原のあちこちから見える、とんがり屋根が突き出たパゴダ群は壮観です。そのさまは世界的にも類を見ず、カンボジアのアンコールワット、インドネシアのボロブドゥールとともに「世界三大仏教遺跡」に数えられています。

パゴダは大きさも色もさまざま。赤茶色の素朴なパゴダもあれば、ヤンゴンのシュエダゴンパゴダのように金ぴかのパゴダもあります。もっとも美しいといわれているアーナンダ寺院は、本堂が一辺63mの正方形のため、とてもバランスがよく華麗です。

赤レンガ造りのティーローミンローパゴダ。

シュエダゴンパゴダは、目がくらむ眩しさ。

シュエサンドーパゴダからの眺め。
大地からパゴダがにょきにょき生えてる！

朝もやに浮かぶパゴダは映画のワンシーンのよう

パガン遺跡で人気があるのが、早朝に行う熱気球の遊覧飛行。朝もやに浮かぶ遺跡群は、とても幻想的です。空の上から見ると、スケールの大きさと歴史の深さを思い切り体感できるのです。また、タクシー代わりとなっている馬車をチャーターするのも手です。小回りが利くので、道なき道をパカパカポコポコ……くまなく遺跡をめぐることができます。ほどよい揺れが気持ちよく、思わず眠くなりますが、車よりもゆったりした時間を過ごせます。熱心に参拝する仏教徒の息づかいも感じられ、おすすめです。

ここでのお楽しみは遺跡だけではありません。ぜひ見ておきたいのが、市民の台所ニャウンウーのマーケットです。地元の女性たちが集い、朝から晩まで大にぎわい。日本では見かけない珍しい野菜、調味料、生活雑貨は見ているだけでも楽しいものです。

パガン遺跡はいまだ世界遺産に登録されていません（2015年6月現在）。今後、登録されるとさらに混雑が予想されますので、遺跡ファンは今のうちに足を運んでおくといいでしょう。

人気の馬車観光。
値段は交渉次第！

ブロッコリー
大きく
ないですか？

新鮮な食材が並ぶニャウンウーのマーケット。

No.010 Information

国名	ミャンマー
¥	15万～25万円
	11～4月
難易度	★☆☆☆☆
誰と？	☑1人　☐カップル　☐ハネムーン　☑夫婦　☑友達と　☑親と　☑子連れで

PLAN

1日目	東京発→ヤンゴン泊
2日目	ヤンゴン→パガン泊
3日目	パガン→インレー湖泊
4日目	インレー湖→ヤンゴン泊
5日目	ヤンゴン発
6日目	東京着

POINT

遺跡はかなり広い範囲に散らばっているので、くまなく見るには2～3日必要。寺院内部の見学は露出の多い服装は避ける。靴も脱ぐので、サンダルなどが便利。馬車観光は舗装されてない道を走るため、砂ボコリよけのスカーフ、マスクがあるといい。

東西360m、南北300m、総面積41㎢におよぶ、壮大なポタラ宮。

011

ラサ　中国（チベット）

チベット仏教の聖地、天空にそびえたつ大伽藍

チベット自治区、標高3650mにあるラサは、古くからチベット仏教の聖地として知られています。町の北西、マルポ・リという赤い丘の上に建てられたポタラ宮は、ダライ・ラマ5世が17世紀に建築した巨大な宮殿で、1994年、世界遺産に指定されました。ダライ・ラマ14世が動乱のなか、1959年にインドに亡命するまでの300年間、この地は政治・宗教の中心であり、宮殿は今もチベットの象徴とされています。

近づくとその大きさにびっくり。建物はさまざまなパーツにわかれていますが、13層999室の部屋があるそうです。現在は中国政府の管理する博物館として一般公開されているので、ぜひなかに入ってみましょう。

行政室だった白宮にはダライ・ラマ14世のベッドルーム、居間、瞑想室などが当時のままの状態で残っていて、金色を使った壁や柱がとにかく派手。宗教を司った紅宮には歴代ダライ・ラ

聖なる寺院、大昭寺。

左／八角街の怪しげなショップ。掘り出し物が見つかります！

大昭寺から広場を見下ろす。
空気が薄いので高いところに上るときは要注意。

チベット医学の中心だったチャクポ・リ（薬王山）。

マのミイラを収めた巨大な霊廟や仏像などがありますが、そちらもきらびやかで圧倒されます。

厳しい自然のもとに根づく信仰心に感銘

もうひとつの観光スポットは、屋根にある黄金の法輪と２頭の鹿がシンボルの大昭寺（ジョカン寺、チベット語でトゥルナン寺）です。ここはチベット仏教徒にとってもっとも聖なる寺院だけあり、入口ではたくさんの巡礼者がチベット仏教のお祈りである五体投地をしています。内部には阿弥陀如来や薬師如来などが置かれ、やはり一心不乱に祈りを捧げる巡礼者があとを絶ちません。書物や報道では知り得ない、これらチベット文化の遺産を、自分の目で確認してみてはいかがでしょう。

大昭寺を取り囲むような形で店が並ぶ「八角街」には、土産にちょうどいい雑貨がいっぱい売られているので、観光ついでに寄ってみては？

セラ寺では問答修行が見られるよ。

アクセサリー、工芸品、布製小物、絨毯などが日本では考えられない値段で手に入ります。買い物上手になるコツは、満面の笑みで値段交渉を楽しむこと。これにつきます！

仏教において一番丁寧な礼拝方法、五体投地。

No.011 Information

国名	中国（チベット）
¥	18万～22万円
👣	4～10月
難易度	★★★☆☆
誰と？	☑1人　☑カップル　□ハネムーン ☑夫婦　☑友達と　□親と □子連れで

PLAN

1日目	東京発→成都泊
2日目	成都→ラサへ移動
3日目	ラサ市内観光
4日目	ヤムドゥク湖観光
5日目	ラサ発→成都泊
6日目	成都発→東京着

POINT

ラサは3000m級の高地なので、到着してすぐに歩き回ると息苦しくなるので要注意。体が順応するまで様子をみよう。空気が乾燥してホコリっぽいので、水分補給、マスクも必要。夏も涼しいので、防寒着の準備もお忘れなく。

012

エベレスト街道　ネパール

登山家たちが人生を懸けて登った道なき道

山岳で暮らすたくましい人たち。

　エベレスト街道はその名のとおり、世界最高峰エベレスト（8848m）を擁するクーンブ山群のトレッキングコースです。古くから幾多の登山家がここを歩いたことから、山ガールの憧れの地といっていいでしょう。

　もちろん、レベルに応じてコースはいろいろあります。一番難易度が高いのは、標高5545mの山、カラパタールを目指すコース。エベレストを望む頂上の眺めはいうまでもなく素晴らしいのですが、600mを超える高低差や、氷河や岩山が立ちふさがる道など、かなりの経験と体力が必要となります。

吸い込まれそうな絶景は、世界中の山好きを魅了する。

雌の牛と雄のヤクの掛け合わせであるゾッキョ。
雄のゾッキョは生殖能力がないために、一代限りだそう。

体力と相談しながらトレッキングコースを選ぼう。

神々しい山々に夢と勇気と希望をもらう

ちょっとそこまでは無理だけど、憧れのエベレストに近づきたい、という人には標高 3800m のシャンボチェの丘がおすすめです。とはいえ、行程はそれなりに大変。首都カトマンズから国際線で、街道の始点となるルクラ（2840m）へ行き、そこから何日間かかけて目的地を目指します。少し傾斜のきつい場所もありますが、荷物はポーターさんに任せて、ゆっくり景色を楽しみながら歩いてみましょう。

途中、街道最大の町、ナムチェバザール（3440m）で高地順応。そして、最後にシャンボチェの丘をひと登りすると、クーンブ山群の主役、エベレスト、ローツェ、アマダブラムが一挙に姿を現します。それは、想像をはるかに超えた絶景。疲れなど一気に吹き飛ばしてくれるでしょう。可能ならば、ここで 1 泊したいもの。「パノラマホテル」は一軒宿であたりに光もないため、夜は静寂と、満天の星が待っています。

翌朝は早起きして、お約束のご来光タイムを堪能しましょう。朝焼けに染まるエベレストは神々しい光に包まれます。私たちの心になにかを語り掛け、活力を与えてくれるはず。山好きなら一生に一度は訪れたいスポットです。

一軒宿でゆったりくつろげる。
静かな夜は、なにして過ごす？

No.012 Information

国名　ネパール
¥　20万～30万円
👣　10～4月
難易度　★★★★★
誰と？　☑1人　☑カップル　☐ハネムーン
☐夫婦　☑友達と　☐親と
☐子連れで

PLAN

1日目　東京発
2日目　カトマンズ→ルクラ→パグディン泊
3-8日目　パグディン→ジョルサレ泊
→ナムチェバザール泊→シャンボチェ泊
→ジョルサレ泊→ルクラ泊
→カトマンズ泊
9-10日目　カトマンズ発→東京着

POINT

トレッキングは中級者向け。天候に左右されるため、余裕をもった日程が必要。高山病のリスクも高いので体調を万全にしてから挑むのが鉄則。ベストシーズンは乾季の10月～4月。特に空気が澄んで山がきれいに見えるのが 10月～11月。

山荘リゾート「はなのいえ」から見たアンナプルナ連峰。

013

アスタム　ネパール

ヒマラヤに抱かれ、満天の星に包まれて

　ネパール第二の観光地ポカラから車で約1時間。標高約1500ｍのアスタム村に山ガールにおすすめの山荘リゾート「はなのいえ」があります。ここから眺めるヒマラヤはまさに絶景。日本にはない7000ｍ級の山々は迫力満点です。直線距離で20㎞しか離れていないため、広い庭からアンナプルナ連峰やマチャプチャレ峰などの雄姿を180度望むことができます。朝日で朱色に染まったり、月明かりで青白く光ったりと、違った表情を見られるのも宿泊者だけの特権でしょう。夜空を見上げれば満天の星。なんと、薪で焚いた五右衛門風呂につかりながら、それらを眺めるといった贅沢な体験もここならではです。

山に来たら、
やっぱりご来光を
拝まなきゃ。

五右衛門風呂は
いい湯だな♪

“なんにもない”を楽しむ
ロハス旅

部屋はたったの10室。広さ4ヘクタールの大半は季節の野菜、ハーブ、果樹が有機農法で栽培されているほか、養蜂や牛の飼育も行っており、人と自然の共生を目的としたパーマカルチャーが実践されています。当然、食卓を彩るのは採れたての食材です。メニューは驚くことにカレー、天ぷら、煮物、味噌汁など和食中心。ネパールでおふくろの味？　と意外に感じるかもしれませんが、予想以上のおいしさ！　日本人好みの味つけに加え、温かいおもてなしや雰囲気も相まって、必然的に食欲が増すのです。

でも、大丈夫。散策へ出かけ、新鮮な空気をいっぱい体に取り入れれば、また腹ペコに。スタッフと一緒にあぜ道や農家の軒先を歩くことで見える村人の暮らしから、未知のネパールを発見することができます。ほかにも野菜の収穫、乳しぼり、蜜蝋を使ったロウソクづくり、はたまたヒマラヤを望みながらのヨガなど、女性好みのアクティビティが満載なので時間の許す限り楽しんでみましょう。

アラームではなく、日の出とともに目覚める朝。朝日を眺めていると、気分がどんどん前向きになるから不思議です。ネパールならではのロハスな旅は、シンプルに生きることの素晴らしさを実感する旅でもあるのです。

散歩中に出会った
子どもたち。

ネパールでなぜか
“幕の内弁当”。
これがおいしい！

スタッフが教えてくれるので
ロウソクづくりにトライしてみよう。

思わずシャッターを
押したくなる
ヒマラヤの眺め。

No.013 Information

国名	ネパール
¥	16万～24万円
	10～3月
難易度	★★★★☆
誰と？	☑1人　☑カップル　☑ハネムーン　☑夫婦　☑友達と　☑親と　□子連れで

PLAN

1日目	東京発→カトマンズ着
2日目	カトマンズ→アスタム泊
3日目	アスタム泊
4日目	アスタム→ポカラ→カトマンズ泊
5日目	カトマンズ発
6日目	東京着

POINT

ベストシーズンは乾季の10月～3月。空気が澄んでいて、山がより美しく見える。トレッキングや散策は歩きやすい服装と靴、そして帽子やサングラスもお忘れなく。テレビなど娯楽はないので、本などを持参するといい。

バタシア・ループにてフォトストップ！

014

ダージリン　インド

名峰カンチェンジュンガを望み香り高い紅茶を楽しむ

質が高く“紅茶のシャンパン”と称される、ダージリンティー。その産地として知られているダージリンは、インド北東部、標高2100mの高地にあります。夏でも冷涼な気候ゆえ、イギリス領時代から避暑地として栄えてきた場所です。

エベレスト、K2に次ぐ標高世界第3位の名峰、カンチェンジュンガ（標高8598m）の雄姿をバックに茶畑が果てしなく続く光景は、壮観。紅茶をよく飲む人でも、ダージリンティーがインドの山奥、それもこんな絶景で栽培されていることを知っている人は少ないでしょう。近郊にはいくつもの紅茶畑があり、紅茶の製造工程や収穫期（4月～11月）には茶摘みの風景を見学することができます。上質な紅茶は、やはり格別。ひと

もうすぐ列車が
通りまーす。
ひかれないでね。

左／「乗れる世界遺産」はディーゼルと蒸気機関車がある。

霧の多いダージリンの気候はお茶の栽培に最適。
丁寧に摘み取られた紅茶は格別なおいしさ。

タイガー・ヒルから眺める朝日に染まった
カンチェンジュンガの風景。早起きのご褒美！

口飲むごとに体中が上品な香りに包まれ、幸せな気分になります。

トイ・トレインに乗って写真を撮りまくれ！

この町は世界遺産にも指定されているアジア最古の登山鉄道の始発駅としても有名です。「トイ・トレイン（おもちゃの鉄道）」の愛称で親しまれている列車は、時速10kmほどのゆっくりとした速度で、全長88kmを8時間かけて走行。標高差は2000m、線路幅はなんと61cm！　最初は路面電車のように車と並行して走っていくので、通りの八百屋さんに手が届きそうなくらい。ある意味ハラハラさせられますが、車窓から垣間見られる人々の生活や民家の様子は、興味深いものがあります。途中、バタシア・ループと呼ばれる円形状の場所で10分停車。高低差を解消するために、線路がループ状になり、内側には色とりどりの花が咲き乱れ、車体とのコントラストがとてもフォトジェニックです。

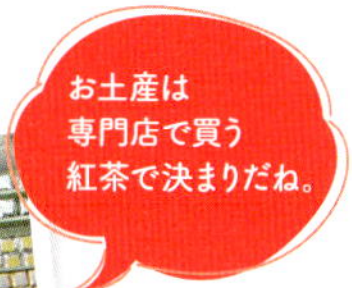

また、ヒマラヤ山脈の雄大な景色を見るには、ダージリンから南へ11km、標高2590mの展望台タイガー・ヒルへ。ここは、ちょっと気合いを入れ、日の出前に到着することをおすすめします。日が昇るにつれ、徐々に朝焼けに染まる大自然のパノラマは、忘れられない感動を与えてくれるでしょう。

No.014 Information

- 国名　インド
- ¥　16万～25万円
- 👣　10～3月
- 難易度　★★☆☆☆
- 誰と？　☑1人　☑カップル　□ハネムーン　☑夫婦　☑友達と　☑親と　☑子連れで

PLAN

- 1日目　東京発→デリー泊
- 2-3日目　デリー→ダージリン泊
- 4日目　ダージリン→車中泊
- 5日目　カルカッタ泊
- 6日目　デリー泊
- 7-8日目　デリー発→東京着

POINT

トイ・トレインのダージリン駅はショール売りの攻勢がすごい。しかし、車内は窓を開けている人が多く寒いし、ススも入ってくるので、意外とそれが役に立つ。もちろん日本から持参してもいいが、安いので記念に買っても損はない。

ボートから岸を眺めて一味違う雰囲気を味わおう。

015

ベナレス　インド

これぞインド！　絶対に見逃せない鮮烈な光景

ガンガ（ガンジス川）に面したベナレス（ヒンディー語ではバラナシ）は、インドのなかでも、もっともインドらしい町といっても過言ではありません。ヒンズー教8大聖地のひとつにも数えられ、市内には大小1500近いヒンズー教寺院と270以上のモスクがあるといわれています。

インドのヒンズー教徒は一生に一度、聖なる地ガンガにやってきて沐浴し、死んだらこの地で灰になってガンガに流してほしいと望んでいます。骨を川に戻すことで、罪が洗い流され苦しい輪廻から逃れられると信じ、ガンガで沐浴することも徳を積む行為とされているのです。

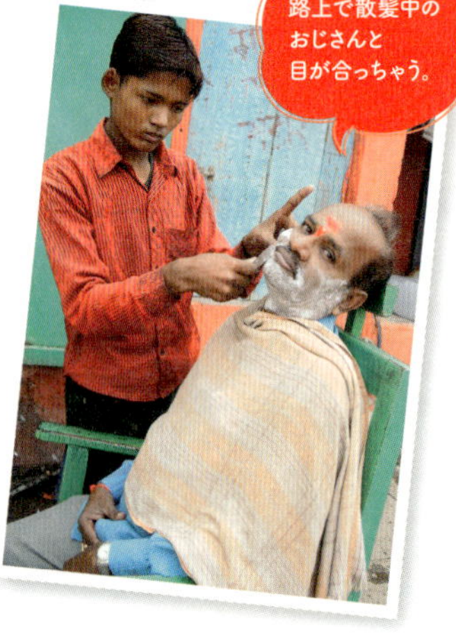

路上で散髪中のおじさんと目が合っちゃう。

本場のラッシーは濃厚で絶品♪

ボートに乗ってガンガの沐浴風景を観光したい！
物売りのボートもたくさん。

ベナレスの町角を悠々と歩く牛。
シヴァ神の乗り物として神聖視されている。

朝日のなか沐浴する人々に圧倒される

まさに年間100万人ともいわれる巡礼者こそが、インドらしい混沌とした風景の主役なのです。特に沐浴風景は必見。大勢の人でごったがえす夕暮れ時はもちろん、早朝ボートに乗って見学する、日の出と沐浴シーンも、なんともいえない不思議な感動を与えてくれます。

お経、人々の話し声や歌声、ヨガミュージック。生活排水、動物たちのなんともいえない臭い。オレンジ色の朝日がもやに煙るガンガを照らすなか、岸辺をゾロゾロと歩く牛の行列。火葬場から絶え間なくのぼる煙。布に包まれた遺体。視覚、聴覚、嗅覚に訴えかけるこれらの光景は、ほかでは決して味わえません。カルチャーショックは必至で、きっとその後の人生になにかしらの影響を与えるはずです。

治安はそれほど悪くありませんが、早朝・夜間の外出は避けたほうが無難でしょう。ガンガ周辺では特に注意が必要です。観光客相手の物売りや物乞いは、しつこさの面で世界屈指。30分以上つきまとわれることも珍しくないので、不要なら毅然とした態度で臨みましょう。また、肌を露出した服装だと露骨に見てくる男性がいるので、こちらも要注意。初めてインドを訪れる人なら、ガイドをつけたほうが安心です。

少し歩くだけで
おもしろい風景が
いっぱい。

No.015 Information

国名	インド
¥	7万～25万円
	10～3月
難易度	★★☆☆☆
誰と?	☑1人　☑カップル　□ハネムーン　☑夫婦　☑友達と　☑親と　☑子連れで

PLAN

1日目	東京発→デリー着
2日目	デリー→車中泊
3日目	ベナレス泊
4日目	ベナレス泊
5日目	ベナレス→アグラ泊
6-7日目	アグラ→デリー発→東京着

POINT

沐浴を体験する観光客もいるが、衛生面が不安な方にはおすすめできない。お土産はシルクのサリー、コットン100％のパンジャビドレス、パシュミナのスカーフなど。ちゃんとしたブティックで買うと質もよくお買い得。

遺跡は巨大な岩の間にある。

016

ハンピ遺跡 インド

かつて存在した王都をイメージしながらゆったりと観光

南インドのハンピは、デカン高原に点在する巨大都市で、14世紀から16世紀にかけて栄華を誇ったヴィジャヤナガル朝の王都でした。16世紀半ば、イスラム軍によって滅ぼされ、都市の大半は焼きつくされてしまいましたが、今でも残る石の遺跡は「ハンピの建造物群」という名称で1986年に世界遺産に登録されています。岩山とヤシ林といった独特な風景のなか、かつて王族が住んだ王宮跡や、ヒンズー教の神々を祭った巨大な寺院など見どころが目白押しです。

町の北東にあるもっとも有名な「ヴィッタラ寺院」は、ヴィジャヤナガルの建築様式の最高傑作といわれています。細い柱は、叩くと澄み切った音が響くミュージックストーンで、微妙に音色が違うのだとか。また、トゥンガバトラー川沿いにある「ヴィルーパークシャ寺院」は、南インドの特徴的な建築様式を残し、今でも僧侶たちに使われています。敷地内には、ゾウやサルの姿もあり観光客を和ませます。

王宮地区にあるロータスマハル。
ほかにも象小屋や王妃の浴場など見どころたっぷり。

修行の旅を続けるサドゥーたち。
苦行により人々のカルマを打ち破る聖者とされている。

世界遺産なのに人が少なくのんびりした雰囲気。
広大な遺跡群はじっくり時間をかけて観光しよう。

デカン高原の秘境、ヒンドゥ王国の大遺跡

世界遺産にしては観光地化が進んでいないせいか、ツーリストはまばら。現地の子どもたちが遠足で訪れるようなのどかな雰囲気です。遺跡は広範囲にわたるので、通常２日かけてめぐりますが、かつて存在した幻の都市をイメージしながら、ゆったりと見学できるはずです。後方にあるマタンガ山に登ると、頂上からハンピの町がほぼ一望でき壮観です。

インドは地域によって人々の顔も、話す言葉も、食事も違います。特に、北インドと南インドはまったく別の顔をもちます。インド観光といえば、タージマハルやガンジス川などの北インドが定番ですが、治安もよく安心して旅行ができるのは南インド。むしろ、初めてインドに行くという人におすすめしたいスポットです。

ちなみに、主食であるカレーにも北と南で違いがあります。北に比べ、南のほうがサラサラしていてからさもストレート。北の主食がナンやチャパティなのに対し、南はお米という点もポイントです。

遺跡は暑いので
名物の
レモンソーダで
水分補給を
忘れずに。

巨大な奇岩が
あちこちに。
こういう写真、
撮りたくなるよね。

No.016 Information

国名	インド
¥	14万～30万円
👣	10～3月
難易度	★★★☆☆
誰と?	☑1人　☑カップル　□ハネムーン ☑夫婦　☑友達と　☑親と □子連れで

PLAN

1日目	東京発→バンガロール泊
2日目	バンガロール→車中泊
3-4日目	ハンピ泊
5日目	ホスペット→ゴア泊
6日目	ゴア泊
7-8日目	ゴア→デリー発→東京着

POINT

ハンピまで行ったら足をのばしたいのが、世界遺産登録のパッタダカル遺跡（6～8世紀のヒンドゥ寺院都市）とアイホーレ（6～12世紀の寺院群）。どちらも遺跡好きにはたまらない傑作が見られる。遺跡観光は日陰がないので、帽子やストールを持参するとよい。

エローラ最大のカイラーサナータはヒンズー教の寺院。

No.017 Information

国名	インド
¥	8万～25万円
	11～3月
難易度	★☆☆☆☆
誰と?	☑1人 ☑カップル □ハネムーン ☑夫婦 ☑友達と ☑親と □子連れで

PLAN

1日目	東京発→デリー着
2日目	デリー→オーランガバード泊
3日目	アジャンタ観光
4日目	エローラ観光→デリー泊
5日目	デリー発
6日目	東京着

POINT

食事はスパイスが効いているので、胃腸が弱い人は要注意。歯磨きでもミネラルウォーターを使ったほうがいい。ホテルやレストランなどを除いてトイレにトイレットペーパーがない場合も多く、おしぼりも出てこないので、ティッシュとウエットティッシュをセットでもち歩こう。

017

アジャンタ・エローラ インド

空前絶後のスケールと美しさを誇る大遺跡群

インドには多数の宗教が混在していますが、仏教文化を語るうえで、欠かせないのがアジャンタ・エローラの遺跡群ではないでしょうか。紀元前2～7世紀に造られたアジャンタは大きな砂岩をくりぬいた石窟寺院で、なかには美しい壁画が描かれています。エローラは6～9世紀に、巨大なひとつの花崗岩を150年もかけて、のみと槌だけでくりぬいて造られた遺跡です。ヒンズー教、仏教、ジャイナ教の3つの宗教の石窟寺院で、スケールといい、精巧なレリーフといい、想像を絶します。ふたつの遺跡は、文明が発達した現代においても、人間のもつ能力の偉大さを教えてくれるでしょう。遺跡ファンでなくても、感動必至のスポットです。

左／断崖をくりぬいたアジャンタ遺跡。
右／石段は彼らがカゴで運んでくれる。もちろん有料だけどね。

寺院内にたちこめる雰囲気に圧倒される。

018

ブムタン谷 ブータン

ブータン人の暮らしから学ぶ幸せのあり方

ブータンの中央に位置するブムタン谷は、国内でもひときわ素朴な地方です。生い茂る松林の谷間に、木造の伝統家屋が点在する風景は、まさに理想郷。ブータンでもっとも早く仏教が伝来した土地柄、信仰心が篤く、多くの寺院が散在しています。なかでも、王室が帰依しているお寺クジュ・ラカンは必見。チベット密教の開祖、パドマ・サンババの石窟や大きな歓喜仏は一見の価値があるでしょう。

山のなかにひっそりと佇むクジュ・ラカン。

村人はとても明るく純粋。子どもたちの人懐こい笑顔を見ていると、幸せな気分になります。3000m級の峠を3つも越えて行かなければならない辺境ですが、「幸せの国」ブータンを感じるにはぜひ行っておきたい場所です。

素朴なブータンの原風景。

No.018 Information

国名　ブータン

¥　35万～40万円

👣　3～5月、10～11月

難易度　★★★☆☆

誰と？
- ☑1人
- ☐カップル
- ☐ハネムーン
- ☑夫婦
- ☑友達と
- ☑親と
- ☐子連れで

PLAN

1日目	東京発→バンコク着
2-3日目	バンコク→パロ→ジャカル着
4日目	ブムタン谷観光
5-7日目	ジャカル→パロへ
8日目	パロ→バンコク発
9日目	東京着

POINT

短パンやひざ上のスカートでは寺院に入れないので大判のストールなどがあると便利。ブータンは、どこに行っても治安がいいので、女性のひとり旅でも不安を感じることはない。近代化が少しずつ広がっているので、素朴なブータンを味わいたいならお早めに。

カラーン・モスクとカラーン・ミナレット。町のどこからでも見えるブハラのシンボル。

019

ブハラ　ウズベキスタン

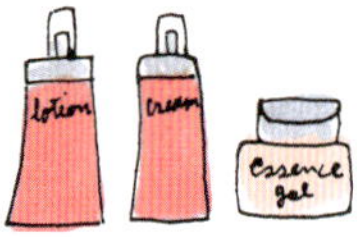

2500年の歴史をもつ、シルクロードのオアシス都市

シルクロードの中継地として長い歴史をもつウズベキスタン。なかでももっとも古い町がブハラです。観光のハイライトは旧市街の中央広場。シンボルであるカラーン・ミナレットは、1127年に建てられ“大きな光塔”という意味をもちます。高さ約46 m、見上げるとその大きさと繊細なレンガの模様にびっくり。かつて罪人を袋詰めにして塔のてっぺんから落としたという話から“死の塔”の別名もあるとか。しかし、今ではそんな雰囲気など微塵も感じさせない、静かで平和なムードが漂っています。内部に入り105段の階段を上ると、眼下に広がる日干しレンガ色の町並みが、なんともエキゾチック。ヨーロッパとアジアの文化が交差した、独特な世界が楽しめます。

女子心をくすぐる刺繍がされた布製品。

左／ヌール・アタ廟。

女性にうれしいナッツ＆ドライフルーツの宝庫。
干しブドウやイチジク、ドライアプリコットはお土産にも人気。

路上に並ぶお土産屋さんには、細かい模様のブハラの
陶器がいっぱい。エスニック料理と相性抜群。

灼熱の太陽に照らされ、眩しく光るモザイクタイル

カラーン・ミナレットとともに立つのが、カラーン・モスクとミル・アラブ・メドレセ（神学校）です。288個の丸屋根が特徴的なモスクは広さ1h。一度に1万人が礼拝できるスケールに、ただただ驚かされます。

一方、ふたつのドーム屋根を乗せたメドレセは、見る者を瞬間的に魅了するオーラがあります。青いタイル、エメラルドグリーンのドームが灼熱の太陽に照らされ、きらきらと輝くさまは、えもいわれぬ美しさです。

治安がいいので、地元の人になりきって歩いてみましょう。ラビハウズという池のほとりでチャイを飲んだり、そよ風が心地いいオープンテーブルで緑茶と一緒にシャシリク（串焼き肉）やビラウ（焼き飯）を頬張るのも一興です。バザールでスザニという刺繍小物や、エキゾチックな陶器を見て回るのも女子旅ならでは。

そして夕暮れどき、再び中央広場に戻ると、先ほどまでのメドレセやモスクの姿は一変。夕日でオレンジ色に輝き、一層魅惑的な風景が旅人を待ち構えているのです。

楽器を演奏する
おじさんがいるよ。

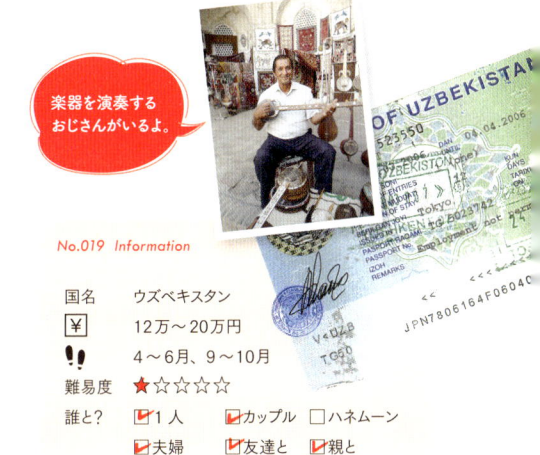

No.019 Information

国名	ウズベキスタン
¥	12万～20万円
👣	4～6月、9～10月
難易度	★☆☆☆☆
誰と?	☑1人　☑カップル　□ハネムーン ☑夫婦　☑友達と　☑親と ☑子連れで

PLAN

1日目	東京発→タシケント泊
2日目	タシケント→サマルカンド観光
3日目	サマルカンド→ブハラ泊
4日目	ブハラ観光
5日目	ブハラ→タシケント発
6日目	東京着

POINT

イスラム国なので、肌の露出は控えめに。ただし、お酒は飲んでOK。自国のワインも安くておいしいので、お試しあれ。砂漠気候のため、朝晩は冷え込む。夏でも羽織りものは必須。乾燥を防ぐリップクリームやハンドクリームも持参しよう。

ウズベキスタンは
美男美女が多いよ！

ガイドブックにもほとんど載らない、これぞ秘境。

020

地獄の門 トルクメニスタン

燃え続ける炎の絶景！ 砂漠のなかのクレーター

砂漠のなかに
ポツンと浮かぶ
炎の明かり。
もし落ちたら……!?

中央アジア、トルクメニスタンのダルヴァザ村付近の地下には豊富な天然ガスが存在します。1971年に地質学者がボーリング調査をした際、天然ガスに満ちた洞窟を発見。しかし、調査の過程で落盤事故が起き、直径50～100mのクレーターができてしまいました。有毒ガスの放出を防ぐため点火したのですが、ガスの埋蔵量が不明なため、消火手段がないのだとか。以来40年以上、一度も消えることなく、燃え続けているわけです。赤く染まった灼熱の大穴を、地元の人は「地獄の門」と命名しました。

秘境好きのバックパッカーには知られたスポットですが、観光客に迎合するものはいっさいありません。首都アシガバットから車で300kmほど移動する間、店はおろか、案内板さえ出ていないのです。ガイドブックにもほとんど掲載されていないので、ガイドつきのツアーに参加しないとアクセスは困難。

満天の星の下で
バーベキューなんて
いかが？

地獄を覗く強者も。
くれぐれも気をつけて……。

近くには採掘中に水が出てしまったウォータークレーターや水とガスが出たバブリングクレーターもある。

漆黒の闇を染める炎は異次元空間へと誘う

　近くで車を降り、炎の明かりの方向へ歩いていくと、突如クレーターが現れます。なんと、日本だったら絶対にあるはずの柵や注意喚起の看板が見当たりません。落ちたらどうしよう……と想像すると怖いですが、過去に死亡事故は起きていないというから驚きです。

　地獄の門を、よりディープに心に焼きつけるなら、キャンプはいかがでしょう。夜、漆黒の闇を染める炎は、美しくも怖くもあり、ぐっと惹き込まれます。静寂のなか、炎の燃え盛る音に耳を傾けながらじっとそのさまを見つめていると、異次元空間に紛れ込んだ気分になるのです。未知なる絶景に興味がある人なら行って損はありません。

　近年、トルクメニスタンが天然ガス生産量の増加を計画するなか、大統領がクレーターの封鎖を指示する報道がありました。時期は未定ですが、見たい人は早めに計画を。

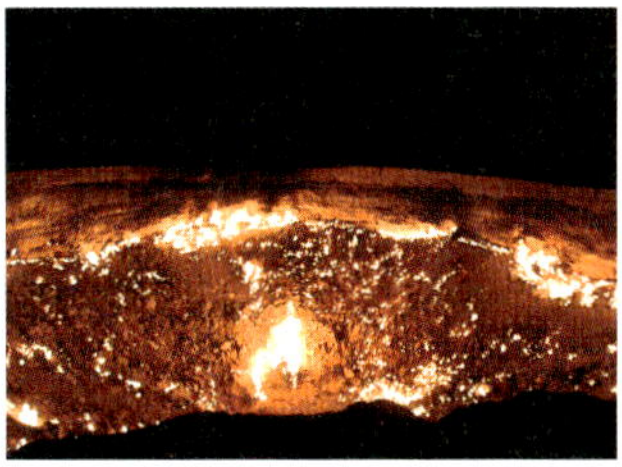

夜になると辺りは漆黒の闇に。

炎のそばで一晩過ごすというレアなツアーも人気。

No.020 Information

国名	トルクメニスタン
¥	20万〜28万円
👣	4〜6月、9〜10月
難易度	★★★★☆
誰と？	☑1人　☑カップル　☐ハネムーン ☐夫婦　☑友達と　☐親と ☐子連れで

PLAN

1日目	東京発→タシケント泊
2日目	タシケント→ダルヴァザ泊
3日目	ダルヴァザ観光→ヒワ泊
4日目	ヒワ観光
5日目	ヒワ→タシケント発
6日目	東京着

POINT

入国にはビザが必要。日本に大使館がないので事前にトルクメニスタン側から招待状を取ったりと大変なので旅行会社に依頼する方がいい。夏でも寒いので、防寒対策を忘れずに。観光地ではないので、店やトイレもない。夜は暗いので懐中電灯があると便利。

Chapter 2

Europe

[ヨーロッパ]

美しい田舎の町や村を歩いてみたい

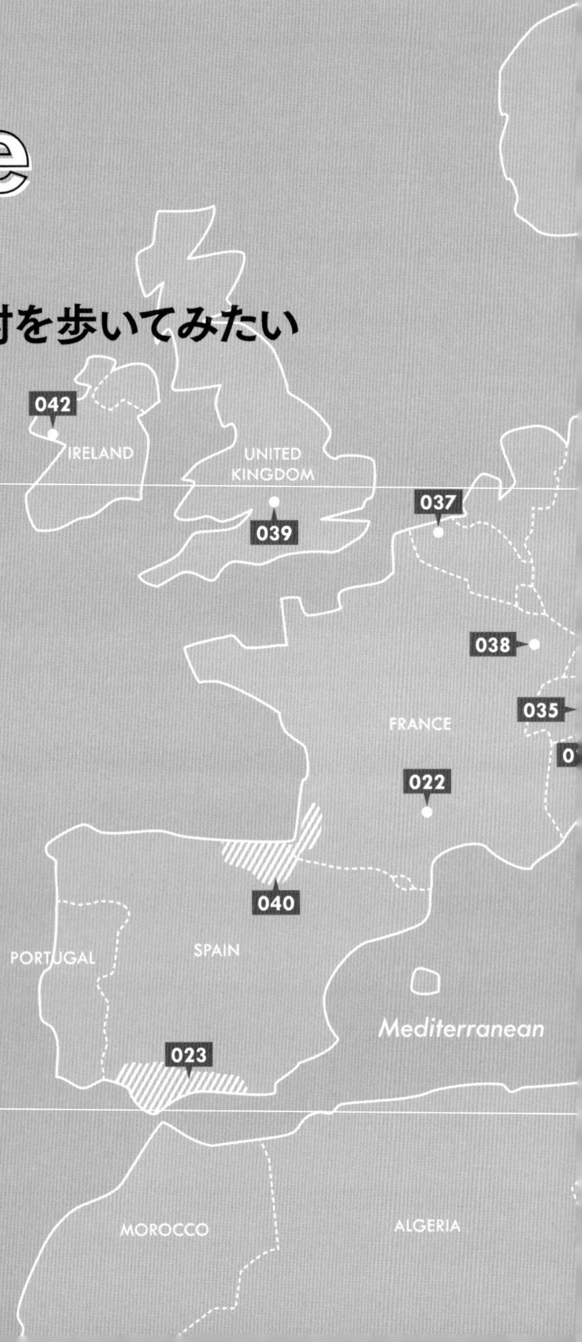

いつの時代も人気の旅行先といえばヨーロッパ。行くなら大都市だけでなく、田舎のかわいらしい町や村にも訪れてみたいものです。絵本や映画の舞台になりそうな美しい町並みは、自分の足で歩けば歩くほど、その魅力がわかるでしょう。ガイドブックに載っていない石畳の路地裏を歩き、自分だけのお気に入りの風景を探すのも一興。母と娘、気の合う友達や同僚など、情緒ある女子旅におすすめです。

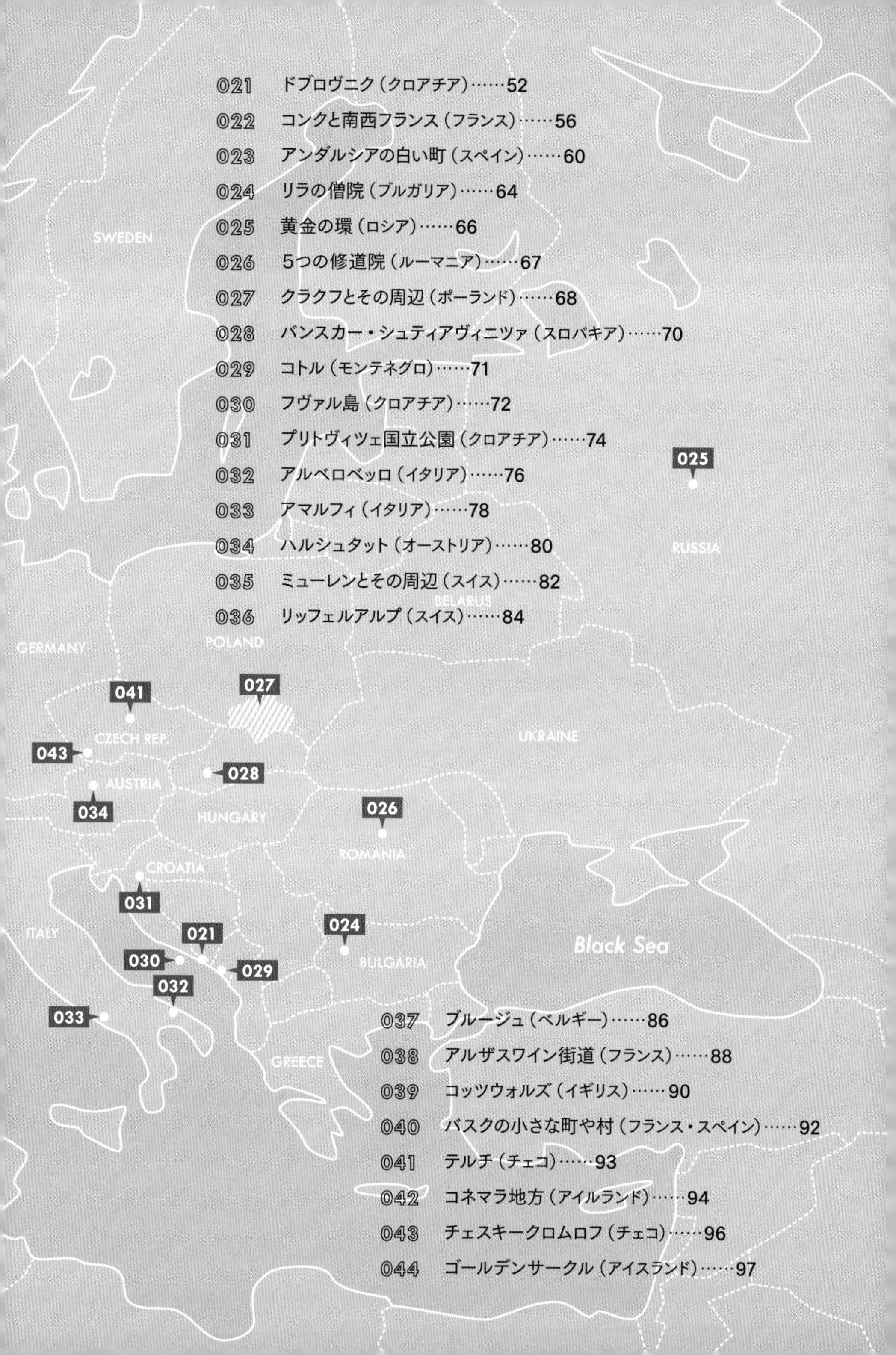

023　アンダルシアの白い町（スペイン）……60
024　リラの僧院（ブルガリア）……64
025　黄金の環（ロシア）……66
026　5つの修道院（ルーマニア）……67
027　クラクフとその周辺（ポーランド）……68
028　バンスカー・シュティアヴニツァ（スロバキア）……70
029　コトル（モンテネグロ）……71
030　フヴァル島（クロアチア）……72
031　プリトヴィツェ国立公園（クロアチア）……74
032　アルベロベッロ（イタリア）……76
033　アマルフィ（イタリア）……78
034　ハルシュタット（オーストリア）……80
035　ミューレンとその周辺（スイス）……82
036　リッフェルアルプ（スイス）……84

037　ブルージュ（ベルギー）……86
038　アルザスワイン街道（フランス）……88
039　コッツウォルズ（イギリス）……90
040　バスクの小さな町や村（フランス・スペイン）……92
041　テルチ（チェコ）……93
042　コネマラ地方（アイルランド）……94

コントラストが美しい旧市街は、まさにアドリア海の真珠（ドブロヴニク／クロアチア）

バニェビーチから眺める城壁に囲まれた旧市街。

絵になる場所が
多いので
ウエディングも人気。

旧市街に立ち並ぶ
オープンカフェや
レストランで食事を。
シーフードがおいしい！

城壁は
1周約2kmだから
ぐるりと歩けるよ！

021

ドブロヴニク　クロアチア

栄光の歴史が紡ぎ出す町並みは、まさに“真珠”の美しさ

アドリア海に面した要塞都市ドブロヴニク。15～16世紀に海運交易都市として栄えた歴史があります。紺碧の海、白い城壁、レンガ色の屋根のコントラストが鮮やかな景色は「アドリア海の真珠」と称され、クロアチアきっての観光スポットとして人気です。1979年に世界遺産に登録され、ジブリ映画『魔女の宅急便』のモデルともいわれています。1991年、内戦の際、セルビア軍の砲撃と爆弾にさらされた旧市街は一時廃墟となってしまいましたが、その後修復が終わりほぼ元通りの美しさを取り戻しています。

ドブロヴニクを象徴する城壁は、旧市街をぐるりと囲み、内側の遊歩道は1周、約2km。絶景を見るなら、なにはともあれ、ここを歩かなければなりません。四方にある要塞のうち、インチェタ要塞からは赤レンガの旧市街とアドリア海が、イヴァン要塞からはかつて交易船でにぎわった旧港が見渡せ、それぞれ違った魅力で迎えてくれます。背後にそびえる標高 412 m のスルジ山から旧市街を見下ろす眺めも、ドブロヴニクの美しさを語るうえでは欠かせないので、たっぷり目に焼きつけておきましょう。

海風が吹き抜ける 路地裏散歩も楽しい

町歩きの楽しさも、観光客があとを絶たない理由です。フランシスコ会修道院、大聖堂、オノフリオの大噴水など主要なスポットはもちろんですが、女性ならショップめぐりもはずせません。ドブロヴニクのあるダルマチア地方にちなんだダルメシアン柄のスカーフやネクタイ、修道院のコスメ、伝統的な刺繍グッズなどが定番で、種類も豊富。ついつい買い過ぎてしまうのが困りものですが、お土産選びに苦労することはないはずです。大通りをくまなく歩いたら、細い路地にわざと迷い込み、何気ない町の表情を写真に収めるのも楽しいでしょう。

石畳と中世風の街灯もおしゃれ。
お気に入りを見つけよう。

ライトアップされた旧市街。大人の時間の幕開け。
夏はコンサートを楽しもう。

日が暮れるとメイン通りはライトアップされ、つやつやの石畳が妖艶に光ります。ここからのお楽しみは食事。イタリア料理に近く、どれも日本人好みのテイストですが、ご当地の逸品を味わうなら、手長エビ（スキャンピ）やムール貝といった魚介類がおすすめです。ぜひクロアチアワインとのマリアージュを、ご堪能あれ。

No.021 Information

国名	クロアチア
¥	18万～35万円
👣	4～10月
難易度	★☆☆☆☆
誰と?	☑1人 ☑カップル ☑ハネムーン ☑夫婦 ☑友達と ☑親と ☑子連れで

PLAN

1-2 日目	東京発→ザグレブ着
3-4 日目	ザグレブからプリトヴィツェ、スプリットへ
5 日目	ドブロヴニクへ
6 日目	ドブロヴニク観光
7 日目	ドブロヴニク発
8 日目	東京着

POINT

城壁散策は歩きやすい靴で。夏は日差しも強いので日焼け止め、水分補給をお忘れなく。開放時間は季節によって異なるので、事前にチェックしていこう。ドブロヴニク発の観光ツアーも多数。ボスニア・ヘルツェゴビナ、モンテネグロなどが人気。

フランスでもっとも美しい村のひとつ（ドルドーニュ渓谷の美しい村、ラ・ロックガジャック／フランス）

城壁都市カルカソンヌも近い。

名物のアリゴは
おもちみたいに
ビヨ〜ンとのばして
食べよう。

入り口のレリーフは向かって
右側が地獄、左側が天国を表し、
教会が祀る聖女サントフォアの姿も。

バンカレルの丘からコンクの全望を眺める。

022

コンクと南西フランス　フランス

フランスの辺境に佇む、静かで神秘的な巡礼路

雄大なピレネー山脈や美しい渓谷など、フランスの辺境とされる南西フランス。キリスト教の聖地、スペインのサンチアゴ・デ・コンポステーラ大聖堂へ向かう巡礼地にもなっていて、素朴でかわいらしい宿場町が点在しています。

山道をひたすら車で走り、ようやく現れるコンクの村、そこは聖地に向かう宿場町らしく、ストイックで重厚。祈りの場にふさわしい霊的な佇まいがあります。まったく派手さはないのですが、見る者の心を一瞬にしてつかんでしまう、そんな魅力にあふれています。

羊肉もおいしいよ♪

ロマネスク様式のサントフォア教会と、それを取り巻く家々が織りなす風景には、誰もが一瞬息をのみます。フランスの石の文化を象徴するかのように、建物はみな石造り。全体的にグレーの印象ですが、決して陰気ではなく、赤い砂岩の教会と調和のとれた色彩美を醸し出しています。

教会の入り口では、タンパンと呼ばれる12世紀に彫られた見事なレリーフが目をひきます。「最後の審判」をテーマに、天国と地獄の風景を124人もの登場人物でリアルに表現したさまは見事。巡礼者たちはこれを目にし、神の存在に勇気をもらい、再び巡礼に向かったそう。また、子宝に恵まれるという伝えがあり、国内外から祈願にくる人も多いようです。

“美食のゆりかご”で出会う、のびる料理に舌つづみ

南西フランスは“美食のゆりかご”と呼ばれ、美食家にも人気の地です。特産はトリュフやフォアグラですが、名物料理アリゴもぜひ食べたいものです。ジャガイモのピューレ、生クリーム、バター、チーズ、ニンニクを混ぜたシンプルな料理で、味つけはとってもまろやか。ソーセージや肉のつけ合わせによく出されますが、温めるとチーズが50cm近く糸をひくので、見た目にも楽しめます。

パリでも、ロワールでも、プロヴァンスでもないフランスの知られざる魅力を、確かめに行ってみてはいかがでしょう。

教会入り口のレリーフは必見！

サンシルラポピーはロット川を見下ろす崖の上のかわいらしい村。

フランスで
もっとも美しい村に
選ばれているよ。

No.022 Information

国名	フランス
¥	19万～30万円
👣	4～10月
難易度	★★★☆☆
誰と？	☑1人　☑カップル　□ハネムーン ☑夫婦　☑友達と　☑親と □子連れで

PLAN

1日目	東京発→トゥールーズ泊
2日目	トゥールーズ→コンク泊
3-6日目	コンクや南西フランスの村々、カルカソンヌを観光
7日目	トゥールーズ発
8日目	東京着

POINT

ベストシーズンは4月～10月。効率よく回るには（トゥールーズなどから）列車プラス一部専用車がおすすめ。冬は寒く、雪深い。11月～3月の5カ月は旅行者もなく、山里も冬眠状態。交通網も一部途絶えるため、その時期は避けたほうが無難。

路地歩きも楽しい、白の世界（フリヒリアナ／スペイン）

GARDEN
RESTAURANT

観光地化していない白い村、グラサレマ。

路地を歩いて
地元の人と仲良しになろう。

ガスパチョ×
白ワインの
最強タッグ!

023

アンダルシアの白い町 スペイン

名物・ロバのタクシーから見る素朴な路地裏も一興

燦々と輝く太陽と青い空、そして白壁の家々——私たちがイメージする美しいスペインは南部のアンダルシア地方に凝縮しています。

世界遺産アルハンブラ宮殿のあるグラナダなどの都市でも見ることができますが、より味わい深いのは、観光客の少ない小さな町や村です。交通が不便ではありますが、とびきりの風景を探しに、足をのばしてみましょう。

フリヒリアナやミハスはどちらも2～3時間あれば回れるほど、こぢんまりとしたかわいい村です。ミハスは観光バスも多く、多少観光地化されていますが、それを差し引いても楽しさ満点。名物であるロバのタクシーを利用すれば、車の通れない細い路地裏にも入り込めます。

家はとにかく白一色！ 眩しいのでサングラスを忘れずに。白い壁は日光を反射するので建物のなかは涼しい。

名物のロバタクシーはアンダルシアでもミハスならでは！のほほ〜んとした顔に癒やされる。

青く輝く地中海と白い家並みのコントラストが感動的

華やかなメイン通りとは対照的な、素朴な白壁の家々もいいものです。一息つくのは、地中海を見下ろせるオープンカフェ。白い町で注文するのは、やっぱり白ワイン!? アルコールがちょっと強めですが、地元で自慢のシェリー酒もおすすめです。

一方、山の中腹にひっそりと白い家が密集しているのが「サアラ・デ・ラ・シェラ」。岩山を背後に抱き、山頂にはカステージョ（アラブの城壁）の塔も見えます。石畳の坂道はちょっぴり疲れますが、静かでゆったりとした散歩が楽しめるでしょう。

ほかにもカルモナ、グラサレマ、カサレスなど、美しい村はつきることがありません。

アンダルシアといえば、もうひとつ、ひまわり畑が有名ですが、見ごろは6月上旬〜7月上旬。水平線まで続くひまわりは、まるで黄色い海のよう。青い空とのコントラストも美しく、人生の忘れられない1ページとなるはずです。

料理は素材の味を生かした、美容にも健康にもいいものばかり。お馴染みのガスパチョ（トマトの冷製スープ）やトルティージャ（ジャガイモ入りのオムレツ）も、本場で食べるとひと味もふた味もおいしく、期待を裏切りません。

No.023 Information

国名	スペイン
¥	15万〜26万円
👣	5〜10月
難易度	★★☆☆☆
誰と？	☑1人 ☑カップル ☑ハネムーン ☑夫婦 ☑友達と ☐親と ☐子連れで

30.06.10 22 MADRID - BARAJAS A 016

PLAN

1日目	東京発
2日目	マドリード着
3-6日目	マドリードからグラナダ、ミハス、カサレスなどをまわってバルセロナへ
7日目	バルセロナ発
8日目	東京着

スペインらしい陽気な雑貨も見つかるよ。

POINT

列車やバスがないので、白い村めぐりをするなら、旅行会社の専用車を利用するのが効率的。夏はとにかく暑い！ 白が反射して眩しいので帽子やサングラス、長袖シャツは必需品。アンダルシアは比較的治安はいいが、玄関口の大都会の一部はスリ被害が多いのでご注意を。

5つのドーム、3つの祭壇、2つのチャペルをもつ聖母聖堂。

024

リラの僧院　ブルガリア

ブルガリアといえばバラ！グッズも豊富。

幾多の変遷と激動をくぐり抜けてきた奇跡の僧院

ビザンチン文化の至宝として、1983年に世界遺産に登録されたリラの僧院。総面積8800ヘクタールの敷地に立つブルガリア正教の総本山であるこの寺院は、長い間宗教や文化の中心であり、ブルガリア人の誇りであり続けました。修道士イワン・リルスキーが10世紀に建てた小さな寺院が始まりといわれ、今日まで幾多の変遷と激動の時代をくぐり抜けてきた、まさに奇跡の僧院です。

首都ソフィアから南へ約120㎞の場所。曲がりくねった山道を車で走ること2時間余り。「氷の山」と呼ばれるリラ山の奥座敷、標高1147ｍの辺境に建物が突如として姿を見せます。その圧倒的で凛とした存在感、ドーム状の屋根と白黒の横縞の特徴的な装飾、壮麗な修道院など鮮烈な姿は、訪れる者を例外なく魅了します。

毎年6月に開催されるバラ祭り。

カラフルなフレスコ画はインパクト大。
聖書の36場面などを描いている。

リラの僧院は、とにかくシマシマ！
外敵と天災に備えて、窓は小さい。

現地に泊まらないとわからない夜の表情も一見の価値あり

中心的な建物である聖母聖堂は、外部と内部が1200ものフレスコ画で埋めつくされ、圧巻のひと言。2階の回廊を歩くと僧院の姿をさまざまな角度から堪能できますが、その姿は限りなく神聖で、いくら眺めても飽きることがない魅力を秘めています。ソフィアから日帰り圏内ですが、現地に泊まるのもおすすめ。夜の厳粛な僧院は、一見の価値ありです。

ところで、ブルガリアの食といえばヨーグルトを思い浮かべる人が多いでしょう。タラトール（スープ）、シレネ（チーズ）、カヴァルマ（肉と野菜をトマト味で煮込んだ土鍋料理）など、現地のヨーグルト料理は日本人の口にもよく合います。塩味ヨーグルトドリンクのアイリャンもぜひ味わいたいところ。名物のマス料理もおいしいです。

お土産はバラ製品が定番。バラから採れた香料をたっぷり使ったボディクリーム、石鹸、シャンプー＆リンス、入浴剤など種類も多く、しかもリーズナブル。ほかには伝統的な模様を施した陶器や銅食器、ワインやハーブティーなども人気です。

天井から壁までフレスコ画で埋めつくされた回廊と、それをとり囲む僧坊。

リラの僧院の周辺ではマス料理が名物。

No.024 Information

国名	ブルガリア
¥	18万～30万円
👣	4～10月
難易度	★☆☆☆☆
誰と？	☑1人　□カップル　□ハネムーン ☑夫婦　☑友達と　☑親と ☑子連れで

PLAN

1日目	東京発
2日目	ソフィア着
3-6日目	リラ、プロブディフ、ベリコタルノボなどを観光
7日目	ソフィア発
8日目	東京着

POINT

言語はブルガリア語。ソフィアや観光地では多少英語は通じるが、メニューや駅名には英語表記がないところも多い。駅やバスターミナルの公衆トイレは基本的に有料。トイレットペーパーは流さず、ごみ箱に捨てる。紙質があまりよくないので、日本から持参するといい。

スズダリのスパソ・エフフィミエフ修道院。

No.025 Information

国名	ロシア
¥	16万～25万円
👣	5～9月
難易度	★★☆☆☆
誰と?	☑1人　□カップル　□ハネムーン　☑夫婦　☑友達と　☑親と　□子連れで

PLAN

1日目	東京発
2日目	モスクワ着
3日目	モスクワ→スズダリ泊
4日目	スズダリ→モスクワ泊
5日目	モスクワ発
6日目	東京着

POINT

マトリョーシカ人形の産地セルギエフ・パサードも黄金の環の一部。ボルシチ、ピロシキなどロシア料理は、なにを食べてもボリューミーでおいしいのでチャレンジしてみよう。拠点となるモスクワの治安は必ずしもよくないので、防犯意識を忘れずに。

025

黄金の環　ロシア

響きわたる鐘の音とともに中世にタイムスリップ

モスクワの北東に点在する古都。町を結ぶと、円形になることから「黄金の環」と呼ばれている地域があります。たまねぎのような屋根のロシア正教会や修道院など、どの町にも旅人を魅了する建築が数多くあります。なかでもスズダリは、町全体が歴史的博物館のように美しく、世界遺産に指定されています。通りを歩き、角を曲がるたびに現れる美しい建造物の数と規模には驚かされます。また、クレムリン（城塞）は11世紀創建で、「黄金の環」で一番見事な景観を誇ります。ときを刻む組鐘の音色が静寂のなかに響くとき、中世にタイムスリップした気分になるのです。

左／お気に入りの建物を見つけよう♪
右／木造の教会など、中世の面影を残すスズダリは、聖都とも呼ばれる。

壁一面の壮大な『最後の晩餐』は必見。

026

5つの修道院 ルーマニア

色鮮やかなフレスコ画は中世文化の証し

15～16世紀に建立されたブゴヴィナ地方の修道院の数々はルーマニア中世文化の結晶といわれています。なかでも保存状態がよく、見ておくべきなのが、アルボーレ、スチェヴィツァ、モルドヴィツァ、ヴォロネツ、フモールの「5つの修道院」。屋根の造形美と外壁にびっしり描かれたフレスコ画は圧巻。その最たるものはヴォロネツです。聖人の肖像画や聖書の一場面が描かれていますが、群青色と朱色の彩色が美しく、見る者に深い感動を与えることでしょう。森林や丘陵が広がるのどかな自然、やさしいルーマニア人との触れ合い……なにもかもが心を静め、ゆっくりとした時間が過ごせるはずです。

左／美しいヴォロネツ修道院の壁画。ヴォロネツ・ブルーと呼ばれる鮮やかな青が印象的。右／ほかと比べると小ぶりでかわいらしいフモール修道院は朱色が特徴。

No.026 Information

国名 ルーマニア

¥ 13万～32万円

4～10月

難易度 ★★★☆☆

誰と？
- ☑1人
- ☑カップル
- □ハネムーン
- ☑夫婦
- ☑友達と
- □親と
- □子連れで

PLAN

1日目	東京発→ブカレスト泊
2日目	ブカレスト→スチャバ泊
3日目	スチャバ→5つの修道院をめぐりスチャバ泊
4-6日目	シギショアラ泊
7日目	ブカレスト発
8日目	東京着

POINT

交通の便が悪いので、ツアーに参加するか、スチェヴィツァを拠点にタクシーでまわるのがおすすめ。ただし、冬は不通になる道路もあるので要注意。女性は露出を控えた服装で。セットで観光するならウクライナとの国境近くにあるマラムレシュ地方もイチ押し。

ヴァヴェル城では美術品や武器などが展示されている。

027

クラクフとその周辺　ポーランド

ポーランドを発展させた美しい塩の世界

14世紀から17世紀にかけて、ポーランドの首都であったクラクフ。1386年から200年続いた全盛期にはウィーンやプラハと並ぶヨーロッパ文化の中心として栄華を極めました。都がワルシャワに移った今でも、その長い歴史が生み出した風格ある町は、訪れる人を魅了しています。

旧市街は見どころが集中していて歩いて回るのにはちょうどいい規模です。13世紀に建てられたゴシック様式の聖マリア教会、ポーランド王室が500年にわたって王政を司っていたヴァヴェル城は必見です。

しかし、ポーランドをよりよく知るには、ほかにも行かなければいけないところがあります。ひとつが、地下に全長300㎞もの岩塩坑があるヴィエリチカです。かつて金と同等の価値があった塩。採掘は13世紀から1996年まで続き、最終的には327ｍもの深さとなっています。見学できるのは全体の100分の1ほどですが、ガイドつきツアーでたっぷり2時間かかるほど壮大なスケールです。380段もの階段を下りると、目

収容所の門には「働けば自由になる」の文字が。
逆になっているＢの文字にも注目。

聖ペテロ聖パウロ教会の柵には、
キリストの十二使徒の像が並ぶ。

ヴィエリチカのハイライト、聖キンガ礼拝堂。
シャンデリアも塩でできてるよ!!

の前に驚愕の光景が広がります。聖キンガ礼拝堂の天井からぶら下げられている豪華なシャンデリアは、塩でできているとは思えないほどの美しさ。見上げると大輪の花火のような煌めきを放っています。壁に飾られた「最後の晩餐」のレリーフも塩。なんとも不思議な“塩の世界”はほかでは見ることのできない光景です。

ザリピエ村では
ラブリーな
フラワープリントに
出会えるよ。

平和な今、目と心で見たい “ 負の遺産 ”

さらにもう1カ所、訪れておきたいのがアウシュビッツ。ご存じのとおり、ドイツが第二次世界大戦中に行った人種差別的な抑圧政策により、悲劇が生まれたビルケナウ強制収容所があった場所です。1979年に世界遺産に登録されましたが、その跡は、重く、暗い雰囲気に満ちています。展示物のなかには正視するのがためらわれるようなものも。世の中には多くの“負の遺産”がありますが、間違いなくその筆頭に挙げられるのがアウシュビッツでしょう。戦争の悲惨さと平和の喜びを改めて確認できる場所です。

ポーランド陶器は
どれもかわいくて
迷っちゃう。

No.027 Information

国名　ポーランド
¥　15万～33万円
👣　4～10月
難易度　★☆☆☆☆
誰と?　☑1人　☑カップル　□ハネムーン　☑夫婦　☑友達と　☑親と　☑子連れで

PLAN

1-2日目	東京発→ワルシャワ着
3日目	ワルシャワ→クラクフ泊
4-6日目	クラクフ、ヴィエリチカ、アウシュビッツ観光
7日目	クラクフ→ワルシャワ発
8日目	東京着

POINT

食事もおいしいポーランド。くりぬいたパンのなかにシチューを入れたスープ・ジュレックやロールキャベツは胃にもやさしくほっとする味。また、ぬくもりのあるデザインが人気のポーランド陶器も必見。値段も日本よりかなり安い。

町の中心には聖堂と市庁舎が立つ。

028

バンスカー・シュティアヴィニツァ スロバキア

かつて鉱山で栄えたノスタルジックな町並み

スロバキアで訪れたい田舎町のナンバーワンはバンスカー・シュティアヴィニツァです。中世の趣を今に残す情緒あふれる町並みは、世界遺産とは思えないくらい観光客が少なくひっそりとしています。かつて金、銀の発掘とその精錬で発展し、マリア・テレジアが欧州で初めて鉱山学校を設立した歴史も町の誇りです。小高い山に囲まれた町には、華やかだった昔を思わせる優美な家並みが残っていてノスタルジック。オスマン帝国の侵攻に備えて建設された新旧ふたつの城からの眺めも東欧らしい落ち着いた雰囲気です。また、スロバキアといえばビール！　醸造所併設のレストランでいただく地ビールはコクがあり大人の味です。

No.028 Information

国名　スロバキア

¥　12万～25万円

5～10月

難易度 ★★☆☆☆

誰と?
- ☑1人
- □カップル
- □ハネムーン
- ☑夫婦
- ☑友達と
- ☑親と
- □子連れで

PLAN

1日目	東京発
2日目	ウィーン着→ブラチスラバ泊
3-5日目	バンスカー・シュティアヴィニツァ泊
6日目	ブラチスラバ→ウィーン泊
7日目	ウィーン発
8日目	東京着

POINT

ベストシーズンは5月～10月。日本よりも湿度が低くカラッとしているので快適に過ごせる。晩秋以降、冬はかなり冷え込むので防寒着が必要。スロバキアの治安は隣国に比べれば良好だが、観光地やレストランなど人が多い場所はスリや置引に注意しよう。

左／細長い石畳の道に、かつての繁栄を思わせる壮大な建物が並ぶ。
右／コンパクトで慎ましやかな町並みが東欧らしい。

救世聖女教会への道から旧市街を一望。

029

コトル モンテネグロ

オレンジ色の屋根が連なる、美しい城塞都市

モンテネグロ西部、アドリア海沿岸のボカ・コトルスカと呼ばれる地域は、複雑に入り組んだ湾を形成しており、コトルはそのもっとも奥に位置しています。背後には2000m級の黒々とした山脈がそびえ、町並みは世界遺産にも指定されています。シンボルでもある城壁は4.5kmにも及び、13世紀からおよそ400年続いたベネチア共和国統治時代に造られたものです。その他、聖トリプン大聖堂、聖ルカ教会など見どころも多く、東欧のなかでもマニアックなファンが多い場所でもあります。旧市街はそれほど広くないので、少し歩けばすぐに地理をつかめるでしょう。石畳の小路をのんびり歩きながら歴史に思いを馳せてみてはいかがでしょう。

左／旧市街は細い石畳の小路が続く。カフェでのんびり休憩しよう。
右／1160年に建てられた聖トリプン大聖堂。

No.029 Information

国名	モンテネグロ
¥	16万～36万円
👣	4～10月
難易度	★★☆☆☆
誰と?	☑1人 ☑カップル ☑ハネムーン ☑夫婦 ☑友達と □親と □子連れで

PLAN

1日目	東京発
2日目	ドブロヴニク着
3-5日目	ドブロヴニク、コトル観光
6日目	サラエボ観光
7日目	サラエボ発
8日目	東京着

POINT

クロアチアのドブロヴニクから長距離バスで約2時間。フリータイムに1日かけて訪れてみるのもいいでしょう。モンテネグロには日本大使館がないので、パスポートの管理は要注意。モンテネグロ屈指のリゾート・ブドヴァへは、コトルからバスで約40分。

紺碧のアドリア海に白いボート、赤レンガ屋根の建物が映える。

030

フヴァル島　クロアチア

アドリア海に浮かぶ島でゆったりリゾートライフ

青の洞窟へ
向かうボートは
テンションMAX!

クロアチアの沿岸、アドリア海に浮かぶフヴァル島。ラベンダー栽培が有名で、別名・ラベンダー島とも呼ばれています。日本では、あまりメジャーではありませんが、アドリア海のリゾートアイランドのなかではポピュラーで、夏場は欧州各国からたくさんの人が訪れます。

港を中心にしたフヴァルの町はこぢんまりとしていて散策にはもってこいです。まずは小高い丘に立つ、眺望抜群の城塞を目指して歩き始めましょう。途中、雰囲気のある路地を通りながら、石の階段を上ること20～30分。やや疲労感はありますが、頂上に到着し、眼下の光景を見れば苦労は報われます。タクシーでも行けますが、この達成感を味わいたいなら、断然徒歩がおすすめ！　紺碧のアドリア海、沖合に浮かぶ島々、赤レンガの建物がバランスよく配置された絶景は唯一無二。しばらくなにも考えずにぼーっとしていると、心のもやが晴れていくのを感じるでしょう。

青の世界に身をゆだね 異次元にタイムスリップ

フヴァル島でのお楽しみはこれだけではありません。晴れた日を狙い、港からボートで約2時間。目指すはヴィス島近くの青の洞窟です。イタリア・カプリ島の青の洞窟よりも観光客が少なく、ゆっくり楽しめます。

小さなボートに乗り換え、いざ洞窟へ。体を縮めて入り、頭をあげた瞬間、目に入るのは透明な青のみ。ボートに乗り合わせた一同はいっせいに歓声をあげますが、ほどなくすると一転、静寂が訪れます。みな、あまりの美しさに言葉を失うのです。洞窟に差し込む太陽光線が、海底に反射することでつくり出される青の世界。身をゆだねていると、異次元にタイムスリップしたかのような感覚に陥ります。さらに、思い切ってダイブすれば、気分は人魚姫。ここでしか味わえない貴重な体験となるはずです。

ドブロヴニク、プリトヴィツェ国立公園と見どころが多いクロアチアは、近年人気が高まっています。長い休みが取れたら、それらと絡めて足をのばしてみてはいかがでしょう。

小舟に揺られて、別世界の入り口へ。
洞窟内は息をのむほどの美しさ。

港にはほかの島をめぐるボートがたくさん停泊している。
他の島へ遊びに行くのも、フヴァルでのんびりするのもおすすめ。

お土産は
癒やし効果抜群の
ラベンダーグッズで
決まり。

No.030 Information

国名　クロアチア

¥　20万～35万円

5～9月

難易度　★★★☆☆

誰と?　☑1人　☑カップル　☑ハネムーン　☑夫婦　☑友達と　□親と　□子連れで

PLAN

1日目　東京発
2日目　ザグレブ着
3-4日目　ザグレブ→フヴァル島泊
5-6日目　スプリット、ドブロヴニク観光
7日目　ドブロヴニク発
8日目　東京着

POINT

島の北西部、スタリー・グラード平原には世界遺産の古代ギリシャ人の住居跡がある。ヴィス島の近くにある「青の洞窟」で泳ぎたい人は水着をお忘れなく。ラベンダーグッズが豊富に売られている。サシェやポプリは軽くてかさばらないのでお土産にちょうどいい。

森と湖、滝の美しさは必見。ゆっくりとしたペースで散策したい。

031

プリトヴィツェ国立公園　クロアチア

大小16個の湖と92 個の滝が織りなす芸術的な風景

首都・ザグレブから約 110 km 南下したところにあるプリトヴィツェ国立公園。大小 16 個の湖と 92 個の滝が連なる芸術的な景観は、ユネスコの世界遺産に登録され、中欧屈指の人気観光スポットです。

ドロマイトと呼ばれる白雲岩や石灰岩を含んだ山脈から流れるプリトヴィツェ川は石灰質を多く含んでいます。それが長い年月をかけて山を浸食し石灰棚を形成。このようにして世界的にも貴重な、段々畑のような湖群ができあがったわけです。

エメラルドグリーンに輝く湖は、息をのむほどの美しさ。自然ならではの色合いをうっとり眺めていると、ときが経つのを忘れてしまいます。園内の遊歩道は、マイナスイオンを豊富に含んだ空気に包まれ、歩くと気分爽快に。時差ボケ

ビーチのように透明な湖。ニジマスも気持ちよさそう。

8㎞にわたって流れている滝。
落差は最大で78mにもなる。

ベンチに座って物思いにふけってみる？
太陽の角度によって変わる水の色をゆっくり堪能しよう。

や旅の疲れも吹き飛ぶことでしょう。敷地が広いので徒歩以外に、エコロジーバスや遊覧船で移動することも可能です。

自然界にしか存在しない色、エメラルドグリーンにうっとり

公園内は大きくわけてふたつ。西側、標高の高いエリアが上湖群。ベールのように美しく流れ落ちる滝が多く、特にヴェリキ・ブルシュタヴツィは必見。公園内でもっとも美しいといわれています。

そして、中央のゴズィヤク湖から東側が下湖群。最大の見どころは公園内で最大のヴェリキ湖で、多くの観光客の撮影スポットになっています。ザグレブから日帰りなら、下湖群を中心に観光するプランがおすすめです（所要時間3～4時間）。すべての湖をめぐると5～6時間はかかるので、1泊するのがベター。夜、ホテルで名物のマス料理を堪能したら、翌朝はちょっと早起きして散歩へ出かけましょう。朝もやがたちこめた湖はとても幻想的です。

7月～8月は降水量が少なく水の量が減ってしまうので、5月～6月がベストシーズン。また10月～11月は紅葉と滝との組み合わせも美しく、人気です。

朝は
もやがかかり
幻想的。

マスのグリルは
臭みがなく
食べやすい。

No.031 Information

国名	クロアチア
¥	18万～35万円
👣	5～6月、10～11月
難易度	★★☆☆☆
誰と？	☑1人　☑カップル　☑ハネムーン　☑夫婦　☑友達と　☑親と　□子連れで

PLAN

1日目	東京発
2日目	ザグレブ着
3日目	ザグレブ→プリトヴィツェ泊
4-6日目	スプリット、ドブロヴニク観光
7日目	ドブロヴニク発
8日目	東京着

POINT

ザグレブからは長距離バスで移動可能。世界遺産のためレストランが少ないので、軽食やドリンクを持参するといい。遊歩道はあるが、ところどころ滑りやすいのでヒールは避けよう。観光は歩きやすい靴と動きやすい服装で。

円錐形の屋根のかわいい「トゥルッリ」のホテルに泊まりたい。

032

アルベロベッロ　イタリア

中世の家に今なお住民が暮らす、生きた世界遺産

長靴の形に例えられるイタリア半島のかかと部分にあたるプーリア州。その玄関口となるバーリから南に車を走らせると、とんがり屋根のかわいい家々が現れます。世界遺産の町、アルベロベッロです。

まるでおとぎ話に出てくるような家は「トゥルッリ」と呼ばれ、16世紀半ばから約100年間、開拓農民用として建てられたものです。材質は石灰石。壁は美観のため白い漆喰が塗られています。青い空と白い壁のコントラストは美しく、フォトジェニック。カメラのシャッター数が知らぬ間に増えてしまいます。

しかし、かわいいだけではありません。実はとっても合理的。壁は厚さ1.5 m、屋根は3

近郊の農家を訪ねて
地元の人々と
和気あいあい♪

左／屋根のユニークな模様は災いから守るおまじない。

お土産や食事はモンティ地区で。

重構造につくられているため、住民はみな「夏涼しく、冬暖かいので快適」と口を揃えます。釘やセメントなども使っていないオリジナル工法なのです。ちなみに、屋根のてっぺんについた飾りはピナクルといい、日本の家紋に相当するとか。

観光客のいない日常の雰囲気を味わいたいなら、朝夕の散策がおすすめ。

とんがり屋根の“トゥルッリ”で暮らすような旅を

そんなアルベロベッロを訪れたら、ぜひトゥルッリに泊まってみたいもの。中心地のモンティ地区には1000以上のトゥルッリが密集していて、1棟ずつが人家、レストラン、土産店、そしてホテルになっています。1棟をまるごと貸し切って泊まるコンドミニアム風が一般的なので“暮らすような旅”をしてみるのもいいでしょう。

美食の国だけに、食事は期待を裏切りません。おすすめはトラットリアでいただく、素朴な郷土料理。なかでも地元の耳たぶ型のパスタ「オレキエッティ」やソーセージをばら肉で巻いた「ボンベッテ」はトライしたいもの。

滞在をのばせば、チーズ工場訪問（ブッラータというモッツアレラに似たチーズが特産）や農場での郷土料理講習も。また近郊の世界遺産のマテーラ（洞窟住居遺跡）で名物「サッシ（洞窟）ホテル」に泊まるのも魅力的です。イタリア好きでも、プーリアを訪れた人は、まだ少ないはず。イタリアが2回目なら、お次はアルベロベッロへ。きっと、これまでとは違ったイタリアを満喫できるはずです。

トゥルッリの生活を体験しよう。

No.032 Information

国名	イタリア
¥	15万～26万円
	4～10月
難易度	★★☆☆☆
誰と?	☑1人 ☑カップル ☑ハネムーン ☑夫婦 ☑友達と ☑親と ☑子連れで

PLAN

1日目	東京発→ナポリ着
2日目	ナポリ観光
3日目	ナポリ→マテーラ泊
4-6日目	アルベロベッロ観光
7日目	ナポリ発
8日目	東京着

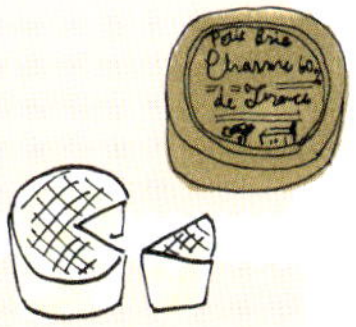

POINT

お土産は町中のショップで売っているトゥルッリのミニチュア置物やマグネットで決まり。交通の便がよくないので、送迎つきプランやマテーラと一緒に周遊するプランがおすすめ。

ポジターノを望む展望台から。

033

アマルフィ　イタリア

世界一美しいといわれるコバルトブルーの海岸線

　ローマ、ミラノに次ぐ第３の都市ナポリ。その南部の海岸線一帯は「世界一美しい海岸線」と称され世界遺産に登録されています。約50㎞にソレント、ポジターノ、ラヴェッロといった町が点在していますが、観光の中心となるのがアマルフィです。青い海と、断崖絶壁に張りつくように築かれた町並みは、一幅の絵のよう。ヨーロッパ有数のリゾート地として、たびたび映画の舞台になるのもうなずけます。ここは、奮発してラグジュアリーなホテルに泊まり、つかの間のセレブ気分を味わってみてはいかがでしょう。とりわけ４月〜10月は天気もよく気候も穏やかなので、身も心もリラックスできます。

地中海らしい色鮮やかな食器。

アマルフィのレストランでは、
絶景もグルメも一緒に味わおう。

断崖絶壁に築かれた町並みに世界中の人が魅了

景色だけでなく、町歩きが楽しいのもアマルフィの魅力。かつて地中海交易で繁栄した町だけあって、建物や工芸品などからもその名残を感じます。土産物屋に売られているカラフルな絵皿やセンスのいい雑貨は、どれも南イタリアならではの陽気な雰囲気にあふれ、見ているだけでも楽しい気分に。広い通りは観光客でにぎわっていますが、路地裏に入ると様子は一変。生活感漂う空間が広がっています。ちょっと入り込んで自分だけのアマルフィを発見するのもおもしろいでしょう。

食事もおいしいので、ダイエットはしばしお休み。近くの海であがったばかりの魚介を使ったメインやパスタはどれも絶品です。星つきはもちろんですが、ふらっと立ち寄ったレストランが予想外にヒットであることも、ここでは珍しくありません。

斜面を利用した段々畑ではレモンやオリーブが栽培されているので、それらも要チェック。特に、レモンのリキュール“リモンチェッロ”はお酒好きならマスト。甘党の人は、いろいろなバリエーションがあるレモンクリームのケーキを試してみましょう。

ギリシャ神話の英雄ヘラクレスが、恋人であるアマルフィの没後、亡骸を美しいこの場所に葬ったことから、その名がつけられたといわれている、アマルフィ。イタリアのなかで目的地に迷ったら、候補に入れてみて間違いありません。

魚介だけでなく、太陽の恵みを受けた食材もおすすめ。

改修が繰り返され、さまざまな建築様式が混在する大聖堂。漁師の守り神・聖アンドレアの聖遺物が安置されている。

No.033 Information

国名　イタリア
¥　15万～26万円
（足跡）　4～10月
難易度　★★☆☆☆
誰と？　☑1人　☑カップル　☑ハネムーン
☑夫婦　☑友達と　☐親と
☐子連れで

PLAN

1日目	東京発→ナポリ着
2日目	ナポリ→アマルフィへ移動
3-4日目	アマルフィ観光
5-6日目	カプリ島観光
7日目	ナポリ発
8日目	東京着

POINT

ナポリから車で約2時間。日帰りもできる。年中楽しめるが、トップシーズンは4月～10月。ただし、7月～8月は混んでいてホテル代も高いので、可能なら時期をずらすといい。海岸なので紫外線は強め。しっかり対策を。

背後にせまる山並みと透明な湖にはさまれ、細長くのびる町並み。

034

ハルシュタット　オーストリア

名画の舞台にもなった世界一美しい湖畔の町

世界遺産ハルシュタットはオーストリア中部に位置する小規模な自治体。ザルツブルク市のほど近く、オーストリア・アルプスの麓、ザルツカンマーグート地域の景勝地です。この地域には70以上もの湖が点在し、映画『サウンド・オブ・ミュージック』の舞台としても知られています。

緑の山並み、エメラルドグリーンの湖、教会の尖塔、木造の家々……これらが織りなす景観は、「世界でもっとも美しい湖畔の町」と称されています。

ハルシュタットのハルはケルト語で「塩」、シュタットはドイツ語で「場所」を意味します。町の外れには古代ローマ以前にまでさかのぼる世界最古といわれる岩塩抗があり、現在も採掘が行われています。中世、岩塩は「白い黄金」とい

教会のある
古い町並みは
ヨーロッパらしさ
満点。

ハルシュタット湖を
ボートで渡ることも
できるよ。

われるほど価値が高く、ハプスブルク家はハルシュタットを直轄地として手厚く保護しました。その富で、この美しい町並みが維持されてきたのです。

湖畔の風を感じながら、カフェで名物料理に舌つづみ

湖畔に並ぶのは雑貨屋、カフェ、レストラン、プチホテルの数々。やさしい色合いの建物は窓辺に花が飾られ、町をかわいらしく演出しています。ゆっくり歩いて、心に刻みましょう。ボトルに入った塩もハーブ入りやガーリック入りがあったりしてバリエーションが豊富。パッケージも素敵なので、女性同士の旅では、お土産選びも盛り上がりそう。ランチは、ぜひ湖畔のレストランへ。透明度の高い湖を眺めながらのひとときが、ハルシュタットに来た喜びを倍増させます。名物のマス料理は、新鮮なので臭みがなく最高。湖面を泳ぐ白鳥も、心なしか優雅に見えるので不思議です。

ちなみに、世界最古の岩塩抗は観光客に開放され、ユニークな見学ツアーが人気となっています。ケーブルカーの乗り入り口に着くと、見学者は作業着にチェンジ。内部には木製の滑り台を滑るアトラクションがあり、一風変わった見学体験ができます。旅の1ページにいかがでしょうか。

心地よい風が吹き抜ける湖畔のレストランでランチ。
定番のマスのグリルがおすすめ。

No.034 Information

国名	オーストリア
¥	14万～25万円
	4～10月
難易度	★★☆☆☆
誰と？	☑1人　☑カップル　☑ハネムーン　☑夫婦　☑友達と　☐親と　☐子連れで

PLAN

1日目	東京発
2日目	ウィーン着
3-4日目	ハルシュタット泊
5-6日目	ザルツブルク泊
7日目	ウィーン発
8日目	東京着

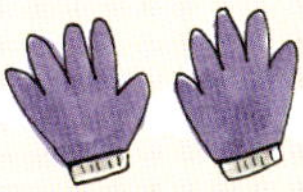

POINT

ベストシーズンは4月～10月。冬、雪景色のハルシュタットも趣きはあるが、かなり寒いのでしっかり防寒を。ハルシュタットへはザルツブルクから鉄道かバスで行けるが、やや不便なので、できれば専用車つきのツアーを利用したい。

オーストリアの自然に触れるならザルツカンマーグート地域もおすすめ。スキップしたくなる風光明媚な景色。

大自然に抱かれて、思い切りリフレッシュ。

035

ミューレンとその周辺　スイス

崖っぷちに佇む小さな村から見るユングフラウの絶景

ユングフラウ観光は
スイスのなかでも
1、2を争う人気。

アルプスの名峰が連なるベルナー・オーバーラント地方。なかでもミューレンは、実にのどかで愛すべき村です。崖っぷちに肩を寄せ合うようにして立つ家は味のあるシャレー（屋根のとがった山小屋）ばかり。ガソリン車の乗り入れが禁止されているため、静かで空気も澄んでいます。集落は崖に沿って1kmほど続いており、片道15分もあれば歩けるほどの小ささ。しかしながら、駅前広場から仰ぐ、アイガー、メンヒ、ユングフラウの3峰の姿は迫力満点！　天下一品です。同地方でもっとも西に位置しているため、ほかの村や展望台から見るのとはまったく異なる表情が拝めます。

スイスらしいかわいい山小屋。

色とりどりに咲き乱れる高山植物にほっこり

スイスアルプスに来たら、観光のハイライトはやはり絶景散歩です。天気を見計らい、まずは空中ケーブルを乗り継ぎ、シルトホルン展望台を目指しましょう。一番上で待ち構えているのは、200峰を超える山々の大パノラマ。近隣はもちろん、奥にはジュラ山脈、ヴォージュ山脈、そしてドイツのシュヴァルツヴァルト（黒い森）まで望むことができます。

春から秋のシーズンなら、アルメントフーベル（花の谷）からミューレンに下るハイキングがおすすめです。色とりどりの高山植物が咲く斜面は、素朴でかわいらしくスイスのイメージそのもの。のんびりと草を食べる牛や羊たちにも癒やされ、自然と表情がゆるみます。疲れたら、適当な場所で小休止。ランチはリュックに詰めたサンドイッチとワインでいかがでしょうか。

ミューレンは観光拠点として人気のグリンデルワルトからも日帰り可能ですが、旅程に余裕があるなら最低1泊するのがおすすめです。観光客がひけた村は一層静かになり、ロマンティックな雰囲気に。素朴なレストランで、お馴染みのフォンデュを食べれば身も心もほっこり。友人、家族、恋人……誰と行っても心穏やかな至福の時間が過ごせるはずです。

花の谷アルプスならではのお花を楽しもう。
「世界の車窓から」の音楽が頭のなかでぐーるぐる♪

あとちょっと歩いたらランチにしよう♪
展望台に上ったり、峠めぐりするのもおすすめ。

小窓がラブリー。

No.035 Information

国名	スイス
¥	18万～22万円
	6～9月
難易度	★☆☆☆☆
誰と?	☑1人 ☑カップル ☑ハネムーン ☑夫婦 ☑友達と ☑親と ☑子連れで

PLAN

1日目	東京発→チューリヒ着
2日目	チューリヒ→グリンデルワルト泊
3-5日目	ミューレン泊
6日目	ミューレン→チューリヒ泊
7日目	チューリヒ発
8日目	東京着

SCHWEIZ
A 21.08.08 31
ZÜRICH-FLUGHAFEN

POINT

交通システムが発達しているので、個人で楽しむ自由旅行に最適。ハイキングを楽しむなら、歩きやすい靴と服、帽子、日焼け止めは必需品。シルトホルンへのケーブルカーはときに、行列するほど混雑するので、余裕をもったスケジュールで行動しよう。

リッフェルゼー湖に雄大な姿を映すマッターホルン。

036

リッフェルアルプ　スイス

マッターホルンを独占する幸せな場所

標高 4478 mの壮麗なマッターホルンは山を愛する人の憧れです。「山の王様」といわれる理由は、その高さではなく美しさ。天空を突き刺す形は、スイスの数ある山のなかでも圧倒的な存在感を誇っています。朝日に輝くとき、夕日に染まるとき……その雄姿は時間によって表情を変え、1日眺めていても飽きることがありません。

マッターホルン観光の拠点となるツェルマット周辺には、たくさんのホテルが存在しますが、落ち着いた雰囲気で絶景を独り占めするなら、断然「リッフェルアルプリゾート 2222 m」です。ツェルマットからリッフェルアルプまで登山列車で向かい、そこから出迎えのトロッコ電車で約3分。標高 2222 mを目指します。

山側の部屋に案内されると、まず心を打たれるのが窓からの風景。クローズアップされた迫力満点のマッターホルンに、しばし呆然としてしまいます。ぷかぷかと浮いたピンク色の羊雲、雪に太陽が反射しキラキラ光る山肌……これほど贅沢な眺めがほかにあるでしょうか。ため息の出る美しさとはまさにこのことです。

「山の王様」の所以はこの美しさ。

刻々と変化する表情は飽きることがない

もちろん部屋にとどまらず、滞在中は至る所で同様の感動を味わうことができます。屋外温水プールではマッターホルンをバックにひと泳ぎ。疲れたら、ジャグジーでマッターホルンを眺めながらリラックス。バカンス気分をたっぷり満喫しましょう。

そして、翌日はハイキングへ。これは最低でも1日は確保したい旅程です。コースは初心者からベテラン向きまで多種多様。選ぶのに迷ってしまいますが、どれもマッターホルンはもちろん、色とりどりの高山植物や湖上に映る逆さマッターホルンがハイカーの心を和ませます。喉がかわいたら、山のレストランで小休止。マッター

ゴルナーグラード展望台から見るとマッターホルンも山並みのひとつに。

開放感たっぷりのラグジュアリーな時間を楽しもう♪

マッターホルンを眺めながらプールでひと泳ぎ。このうえない贅沢！

ホルンを眺めながら飲む冷えたビールは格別な味です。山好きもそうでない人もきっと再訪を誓う瞬間です。

世界で一番高いところを走るトラム。

No.036 Information

国名	スイス
¥	29万～32万円
👣	6～9月
難易度	★☆☆☆☆
誰と?	☑1人 ☑カップル ☑ハネムーン ☑夫婦 ☑友達と ☑親と ☑子連れで

PLAN

1日目	東京発→チューリヒ着
2日目	チューリヒ→ツェルマット泊
3-5日目	リッフェルアルプ泊
6日目	リッフェルアルプ→チューリヒ泊
7日目	チューリヒ発
8日目	東京着

POINT

ハイキング用のシューズと服装、屋外温水プール用の水着は必需品。6月～9月の夏場がベストシーズンだが、冬場はスキーが楽しめる。スイスの名物はフォンデュや溶かしたチーズをジャガイモにつけて食べるラクレット。物価はやや高め。

絵本の世界のようにかわいい家並みが運河に映える町。

037

ブルージュ　ベルギー

中世の面影を色濃く残した“屋根のない美術館”

ロマンティックな風景、美しい歴史的建造物、舌を喜ばすレストラン。ここには女性の“好き”がぎっしり詰まっています。

ブルージュとはオランダ語で「橋」の意味で、その名のとおり、市内を張りめぐる運河には50以上の橋がかかり印象深い風景をつくっています。散策に車は無用。運河をボートでクルーズしたり、馬車で石畳の道を走ったり、徒歩で路地裏を覗いたり。さまざまな角度から町の美しさを発見してみましょう。

こぢんまりとした町には３つの世界遺産があります。そのひとつが歴史地区、いわゆる旧市街地域です。そこには救世主大聖堂、聖母教会、市庁舎、グルーニング美術館といった歴史的建造物が点在します。人はそれを“屋根のない博物館”と表現しますが、まさにそのとおり。見応え十分です。残るふたつは町

運河の町は「北のベネチア」とも称えられる。

船に乗って水上散歩。
気持ちよくて
うたた寝しちゃうかも。

のシンボルでもある鐘楼、そしてベギン会修道院です。中世の面影をこれほどまでに残した町並みは、まさに奇跡。当時に思いを馳せながら、ゆっくり静かに歩いてみるのも一興です。

女性の自立を目指したベギン会修道院。
修道女たちは15世紀の頃と同じ修道服をまとう。

食の都で地ビールと名物のムール貝を食べつくす

ブルージュは甘党にとっても魅力的な町です。歩いても、歩いても目に飛び込んでくるのは、チョコレートショップ。種類もたくさんあり、ショーウインドーはまるで宝石箱のよう。お気に入りを一粒ずつ買って、本場の味を堪能してみましょう。伝統的なレース編みも有名で、それらを扱うショップも数多くあり必見です。職人が手掛けたテーブルクロスやブラウスは、繊細できれい。ちょっと奮発して旅の記念、一生の宝物にするのも素敵です。

ブリュッセルからの日帰り観光（電車で片道約1時間）も可能ですが、グルメを堪能したいならぜひ1泊で。日没と運河に揺れるオレンジ色の明かりがとびきりの夜を演出してくれるはずです。そして、旅の思い出を語りながら、名物・ムール貝の白ワイン蒸しを山盛り食べて、あとは深い眠りにつくだけです。

やっぱり
ビールが
おいしい！
おいしそうな
カップケーキ。
ダイエットは帰国後に。

種類が豊富な
ベルギービール！
"ジャケ買い"もあり。

郷土料理の
ワーテルゾーイ。

No.037 Information

国名	ベルギー
¥	12万～22万円
👣	4～10月
難易度	★☆☆☆☆
誰と？	☑1人　☑カップル　□ハネムーン ☑夫婦　☑友達と　☑親と □子連れで

PLAN

1日目	東京発
2日目	ブリュッセル着
3日目	ブリュッセル→ブルージュ泊
4日目	ブルージュ→アムステルダム泊
5日目	アムステルダム発
6日目	東京着

POINT

徒歩観光とは違った風景が見られる運河クルーズがおすすめ。乗り場はあちこちにあるが、だいたい30分の船旅となる。治安は比較的いいが、日中は観光客を含め、人が多いのでスリには注意。バラや量り売りで買ったチョコレートを入れる、ジッパーつき保存袋があると便利。

「小ベニス」ともいわれるコルマール。運河をめぐって新しい表情を発見しよう。

地下のカーヴにはたくさんのワインが眠っているよ。

木組みの建物がかわいいアルザスの村々。『ハウルの動く城』の舞台ともいわれているよ。

038

アルザスワイン街道 フランス

石畳のメルヘンチックな町並みはまるで絵本のよう

フランス東部、ドイツと国境を接するアルザス地方はワイン産地として有名で、その品質は世界中の愛好家から高い評価を得ています。ブドウ畑はヴォージュ山脈の東斜面に沿って広がっていますが、その麓、南北約170kmにわたる道のりが「アルザスワイン街道」です。

街道沿いに点在している100余りの村はどこもとてもメルヘンチック。コルマールを中心にカイゼルスベルク、リボーヴィル、リクヴィルなども訪れたい。石畳に沿ってカラフルな木組みの家が軒を連ねた風景は、まるで絵本のよう。ワインに興味がない人もきっと心が躍るはずです。ブティック、ホテル、カフェもかわいらしく、女性好み。気になるところを1軒1軒覗く、気ま

ブドウ畑から眺めるリクヴィルの村。

パリからTGVで2時間半。こんなにかわいい町が待ってるよ。

まな町歩きにもってこいです。
　ワイン好きなら村の至る所にある試飲カーヴは、ぜひ押さえておきたいもの。有料と無料がありますが、通常3〜5種類ずつ試飲でき、味の違いを堪能することができます。気に入ったものはその場で購入できるので、日本に輸入されてないレアモノを探してみるのもいいでしょう。

世界指折りの美しさと、美味しさを誇るワインの産地

　そして、お腹が空いたら目指すは「Winstub（ヴィンシュトゥブ）」の看板。そこはワインと地元料理が気軽にいただける、日本の居酒屋のような店です。料理はドイツの豪快さとフランスの繊細さ、両方の要素をもち、片田舎とは思えないほど高レベル。ポピュラーなのは塩漬けキャベツを白ワインで煮込んだシュークルートですが、それ以外もさすがにフランスのグルメの故郷（ふるさと）だけあり、はずれなし。ワインやビールが進むこと請け合いです。
　季節を問わず、いつも美しい風景で迎えてくれるアルザスですが、寒くても平気という人はクリスマスシーズンもおすすめです。村中がイルミネーションで飾られ、とても華やか。クリスマスツリー発祥の地ともいわれているので、マーケットではセンスのいいリースやオーナメントが手に入ります。

お土産のジャムを大人買い♪

ワインラバーならワイナリー見学はマスト。お気に入りを見つけよう！

No.038 Information

国名	フランス
¥	14万〜24万円
👣	4〜10月、12月
難易度	★★☆☆☆
誰と？	☑1人　☑カップル　☐ハネムーン ☑夫婦　☑友達と　☑親と ☐子連れで

03.11.14 70
ROISSY - CDG
B 483

PLAN

1日目	東京発
2日目	パリ着→ストラスブール泊
3日目	カイゼルスベルク観光
4-6日目	コルマールや周辺の村々を観光
7日目	パリ発
8日目	東京着

POINT

緑が美しいブドウ畑を見るなら5月〜6月がベスト。公共交通機関があまり発達していないので、いろいろな村を散策したい場合は、コルマールを拠点に連泊するのがおすすめ。そこから出ている観光バスを利用したり、日本語のツアーに参加することも可能。

コッツウォルズ随一の人気を誇る村バイブリー。

039

コッツウォルズ　イギリス

はちみつ色の家々と、素朴な田園風景に癒やされる

　コッツウォルズはイングランドの中央部「ハート・オブ・イングランド」とも呼ばれる丘陵地帯です。地名は羊の丘という意味をもち、イングランドを象徴する地域としても有名です。何百年も変わらない田園風景が魅力的で、特別自然美観地域にも指定されています。点在するかわいらしい村はそれぞれ特徴がありますが、共通しているのが黄色みを帯びた石灰岩でつくられた“はちみつ色”の家並みです。

　ここでの旅のコツは、いつもよりペースダウンして、のんびりとした時間を過ごすこと。せわしなく動いていたのではコッツウォルズのよさを感じることができません。ロンドンから観光バスで日帰りもできますが、最低２泊は滞在したいものです。そのうち、少なくとも１泊は貴族の館ホテル「マナーハウス」に泊まることをおすすめします。マナーハウスは16～18世紀に建てられた広大な庭園をもつ邸宅ホテルで、ラグジュアリーな雰囲気と食事を味わうことができます。

見晴らしのいいブロードウェイ・タワー。

1 泊は「マナーハウス」に泊まりたい。
おしゃれなインテリアも楽しみ。

羊毛産業でも有名なので、羊がいっぱいいるよ。
サイクリングやウォーキングを楽しもう。

時間にしばられず自然に浸るのが、ここでの流儀

ひとつひとつの村は、とてもこぢんまりしているので徒歩で見学可能です。自然の風景を満喫しながら散歩をしたり、老舗パブで食事をとったり、小さなティールームでアフタヌーン・ティーを楽しんだり……気の向くままに過ごしてみましょう。

この地方はアンティークショップが充実していることでも有名です。専門性の高い通好みの店から、お土産レベルの店まで揃っているので、旅の記念にお宝探しもいいかもしれません。

日帰り観光客が帰った夕暮れどき、村は静けさを増し、しっとりとした空気が流れます。レストランのラウンジで、手入れの行き届いた庭を眺めつつアペリティフで乾杯。そんな時間が似合うのも、この地ならでは。

「自然に浸る遊びこそ、人生最大の楽しみ」という英国人のライフスタイルにならい、コッツウォルズで大人の休日を過ごしてみてはいかがでしょう。

No.039 Information

国名	イギリス
¥	18万～28万円
👣	5～10月
難易度	★★☆☆☆
誰と?	☑1人 □カップル □ハネムーン ☑夫婦 ☑友達と ☑親と □子連れで

PLAN

1日目	東京発→ロンドン着
2-3日目	コッツウォルズ泊
4-5日目	湖水地方泊
6日目	ロンドン観光
7日目	ロンドン発
8日目	東京着

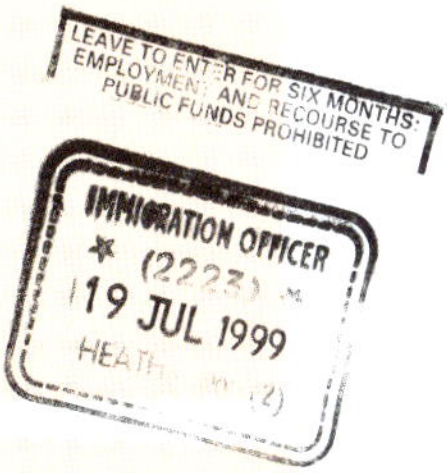

イギリスといえば
ティータイム♪
スコーンは
クロテッドクリームと
一緒にいかが?

POINT

宿泊施設はマナーハウスのほかに、朝食付きB&Bもおすすめ。イングランドならではの控えめで温かいホスピタリティが心地いい。お土産は地元産のジャムやハチミツが一般的。またかわいいキッチン雑貨店もあちこちにあるので、お気に入りを見つけよう。

バスク地方ならではの家並みが魅力（アイノア村、フランス）。

040

バスクの小さな町や村 フランス・スペイン

世界が注目する「美」と「食」を追いかけて

スペイン北部からフランス南西部にまたがるバスク地方。険しい山岳地帯と入り組んだ海岸からなり、世界のどことも類似性のない独特な言語や文化をもっています。

フランス側のバスクで、山間の小さな村、サン・ジャン・ピエ・ド・ポールは、ニーヴ川沿いの旧市街は美しく世界遺産に指定されています。アイノアはバスクの伝統的な民家が並びフランスでもっとも美しい村としても有名です。一方、スペイン側のサン・セバスティアンはコンチャ湾が美しい高級保養地。美食の都としても知られ、スペインのなかでも、抜きんでてレベルが高い地域です。お酒やおいしいものが大好きなら、ここははずせません。夜は絶品ピンチョスを求めてバルめぐりを！

左／バルのピンチョスはどれも絶品（サン・セバスティアン、スペイン）
右／バルだけでなくワイナリーにも足を運んでみよう。

No.040 Information

国名　フランス・スペイン
¥　14万～24万円
👣　4～10月
難易度　★★☆☆☆
誰と?　☑1人　☑カップル
□ハネムーン　☑夫婦
☑友達と　☑親と
□子連れで

PLAN

1日目　東京発→ボルドー着
2-3日目　ボルドー観光→ビアリッツ泊
4-5日目　サン・ジャン・ピエ・ド・ポール、アイノアほか観光、サン・セバスティアン泊
6日目　ビルバオ泊
7-8日目　ビルバオ発→東京着

POINT

スペインバルでまずオーダーしたいのが、バスクの地酒チャコリ。微発泡した白ワインで、コップに高い位置から注ぐのが特徴。アルコール度数が低く飲みやすい。小皿料理ピンチョスも新鮮な魚介類が絶品！　手でつまむものが多いので、ウエットティッシュがあると便利。

高さと建築様式が統一された家々。パステルカラーがかわいい。

041

テルチ　チェコ

マカロンのような家並みがとってもラブリー

テルチほど「おとぎの国」という形容がふさわしい町はないでしょう。ルネサンス様式の家が並ぶザリアーシュ広場など町全体が世界遺産に登録されているのは、訪れた人なら誰もが納得するはずです。家の壁や屋根は、富と地位の象徴ということもあり、カラフルで装飾豊か。カフェでお茶を飲みながら、「住むならどの家?」などと想像を膨らませるのも楽しい時間です。テルチ城も必見。もとはゴシック様式だった城館が16世紀後半にルネサンス様式に改装。内装がとてもいい状態で保存されているので、じっくり鑑賞してみましょう。決して広い町ではありません。だからこそ、そぞろ歩きにはぴったりです。

どこを撮っても
絵になるね。

池に囲まれた旧市街は「モラビアの真珠」とも呼ばれている。

No.041 Information

国名	チェコ
¥	12万～25万円
👣	4～10月
難易度	★★☆☆☆
誰と?	☑1人　☑カップル　☑ハネムーン　☑夫婦　☑友達と　☐親と　☐子連れで

PLAN

1-2日目 東京発→プラハ着
3日目　プラハ→テルチ泊
4日目　チェスキークロムロフ泊
5日目　プラハ泊
6日目　プラハ観光
7-8日目 プラハ発→東京着

POINT

プラハから日帰り観光も不可能ではないが、チェスキークロムロフとともにチェコの田舎を周遊したい。ザリアーシュ広場には雑貨屋さんも多数。素朴でぬくもりのあるハンドメイド雑貨は、ついつい手にとってしまうこと必至。歴史ある筆記具メーカー「コヒノール」をはじめ、文房具も豊富なので要チェック。

厳しさと美しさを併せもつ雄大な自然。

042

コネマラ地方 アイルランド

癒やしの原風景。アイルランドに行くなら西海岸を目指そう！

アイルランドを旅する人々の合言葉は、「アイルランドに行くなら西海岸を目指せ」。なぜなら、アイルランド独自の色濃い文化が残り、ネイティブなよさが味わえるのが西部地方だからです。大西洋に突き出すように8㎞あまり続くモハーの断崖、今も日常的にゲール語（アイルランド語）を話す人々が住むイニシュモア島、海面から90mの高さにある断崖絶壁の古代遺跡ドゥン・エンガスなど、たくさんの見どころがあります。

そのなかにあって、コネマラ地方は湖や山脈など手つかずの自然が残る景勝地。花々が咲き乱れる草原に羊たちが群れる……このほっとする風景は何十年、何百年前から一緒なのです。美しさゆえに、アイルランド映画の撮影が何度も行われているそうですが、普段は人間の気配がほとんどなく、本当に静か。田舎過ぎて店を探すのもひと苦労するほど。誰もいない海岸にはロブスターが普通に打ち上げられたりしていて驚かされます。

13世紀の古城を改装したホテルは、アンティークな外観と豪華なインテリアが見どころ。

湖のほとりに佇むカイルモア修道院。
白とグレーの外観は古城のように荘厳です。

幸せそうな羊たちに癒やされる。
牧場のある民宿に滞在して、伝統的な生活を体験しよう。

歌や踊りでにぎわう
パブで独自の文化に触れる

コネマラ地方へは、アイルランド西部の中心都市ゴールウェイを経由しますが、こちらはケルト文化を色濃く残す歴史ある町で、大学都市としても知られています。若者が集う活気ある町並みは大き過ぎず小さ過ぎず、カラフルな建物が並んでいてとても居心地がいい場所です。

ここでは、思い切ってホームステイをし、素朴でやさしい人々の生活に触れるのもおすすめです。あちこちに点在するパブでは毎夜のようにライブが開かれ、遅い時間まで大にぎわい。一緒になって盛り上がってみると、ここが社交場としてアイルランド文化の一端を担っていることがわかります。本場のアイリッシュビールもぜひ。おつまみはムール貝で決定です。アイルランドのムール貝は小ぶりですが、その分味が濃く、いくつでも食べられます。8月以降は牡蠣もシーズンを迎え、こちらも絶品。島国ならではの食事計画も楽しみのひとつでしょう。

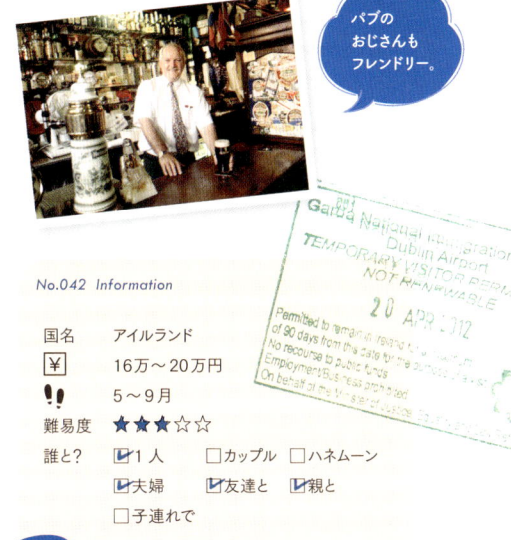

カラフルな建物が並ぶゴールウェイ。

パブのおじさんもフレンドリー。

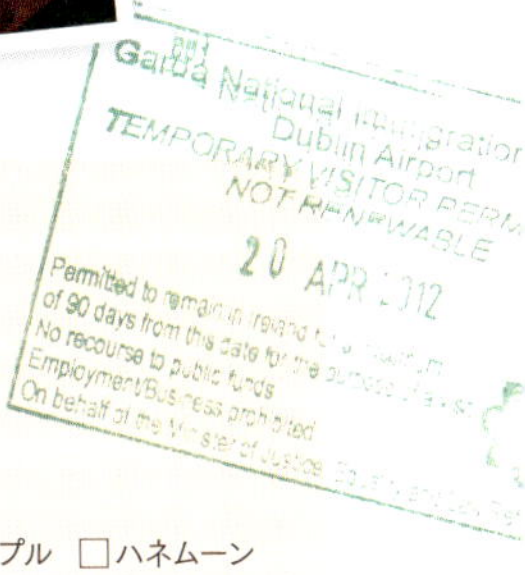

No.042 Information

国名	アイルランド
¥	16万～20万円
👣	5～9月
難易度	★★★☆☆
誰と?	☑1人　□カップル　□ハネムーン ☑夫婦　☑友達と　☑親と □子連れで

PLAN

1日目	東京発→ダブリン着
2日目	ダブリン→ゴールウェイ泊
3-5日目	ゴールウェイ→イニシュモア島泊
6日目	ゴールウェイ→ダブリン泊
7日目	ダブリン発
8日目	東京着

POINT

草花が美しくもっとも過ごしやすいのが夏場の5月～9月。日も長く、夜11時頃まで明るい。お土産には、網目模様が独特なアランセーターが定番。手編みの高級品からお土産用の廉価品までピンキリ。マフラーや帽子などバリエーションも豊富。

美しい古城を囲む赤レンガの町並み。

No.043 Information

国名　チェコ

¥　12万〜25万円

（時期）　4〜10月

難易度　★☆☆☆☆

誰と?　☑1人　☑カップル　☑ハネムーン　☑夫婦　☑友達と　☑親と　☑子連れで

PLAN

- 1日目　東京発
- 2日目　プラハ着
- 3日目　プラハ→チェスキークロムロフ泊
- 4-6日目　チェスキークロムロフや周辺の村々観光
- 7日目　プラハ発
- 8日目　東京着

POINT

プラハからバスで片道3時間。日帰りは可能だが、駆け足での観光となることは必至。旅程に余裕があるなら、電車（乗り換え含め4〜5時間）で行き、途中の町にも立ち寄りながら、チェスキークロムロフに1泊するのがいいだろう。

043

チェスキークロムロフ　チェコ

森の緑と屋根の赤が奏でる麗しのハーモニー

S字に蛇行するヴルタヴァ（モルダウ）川に囲まれたチェスキークロムロフ。森の深い緑と褐色の屋根が織りなす町は、その美しさから「眠れる森の美女」と称されています。13世紀にチェスキークロムロフ城が築かれ、16世紀まで町は手工業と交易で繁栄を極めました。その後、城は何度も増改築が重ねられたため、ゴシック、ルネサンス、バロックなど、さまざまな建築様式が混在しています。内部も見どころ十分ですが、ここの魅力はなんといっても、中世の面影をそのまま残した小さな町。ガイドブックなんてなくても大丈夫。曲がりくねった川や家の間を、気の向くままに歩けば、きっとお気に入りの風景が見つかるでしょう。

気分に任せて、ぐんぐん歩こう！
民家に描かれたフレスコ画も必見！

やっぱり合うのは地元のビール。

解けた氷河の水が流れ落ちるフロインフォッサルの滝。

044

ゴールデンサークル アイスランド

大自然の神秘と露天風呂を満喫

アイルランドへ行くなら、目指すはゴールデンサークル。ここには地球がつくり出した自然の神秘が密集しています。シングヴェトリル国立公園にある、世界でも珍らしい地球の割れ目であるギャウ、迫力満点のグトルフォス滝、火山湖ゲリス、数分に一度勢いよく噴き出すゲイシール間欠泉などなど、ネイチャー好きには興奮の連続です。さらに、時間をとって満喫したいのが世界最大級の露天風呂ブルーラグーン。なんと1周するのに10分もかかる広さ！地下熱水の排水を利用した施設ですが、白濁した温水には皮膚病治癒の効果があるとか。のんびり体を浸しながら泥パックをしたり、ビールを飲んだり……心と体の凝りを、ここぞとばかりにほぐしましょう。

泥パックでお肌スベスベに！

ゲイシール間欠泉の
地下から噴き出す
熱湯の柱はド迫力。

No.044 Information

国名　アイスランド
¥　18万～30万円
6～8月
難易度　★☆☆☆☆
誰と？　☑1人　☑カップル　☑ハネムーン　☑夫婦　☑友達と　□親と　□子連れで

PLAN

1日目　東京発→レイキャビック泊
2-4日目　ゴールデンサークル観光
5日目　レイキャビック→ブルーラグーン泊
6日目　ブルーラグーン観光
7日目　レイキャビック発
8日目　東京着

POINT

物価は高いが、英語が通じ治安もいいので個人旅行しやすい。ベストシーズンは6月～8月。ただし、夏でも寒いので防寒着と、風が強いのでウインドブレーカーが必要。9月以降はオーロラ鑑賞が可能。ブルーラグーンは水着着用なのでお忘れなく。

Chapter 3

Central and South America, North America

[中南米・北米]

地球の鼓動を肌で感じる、奇跡の景色

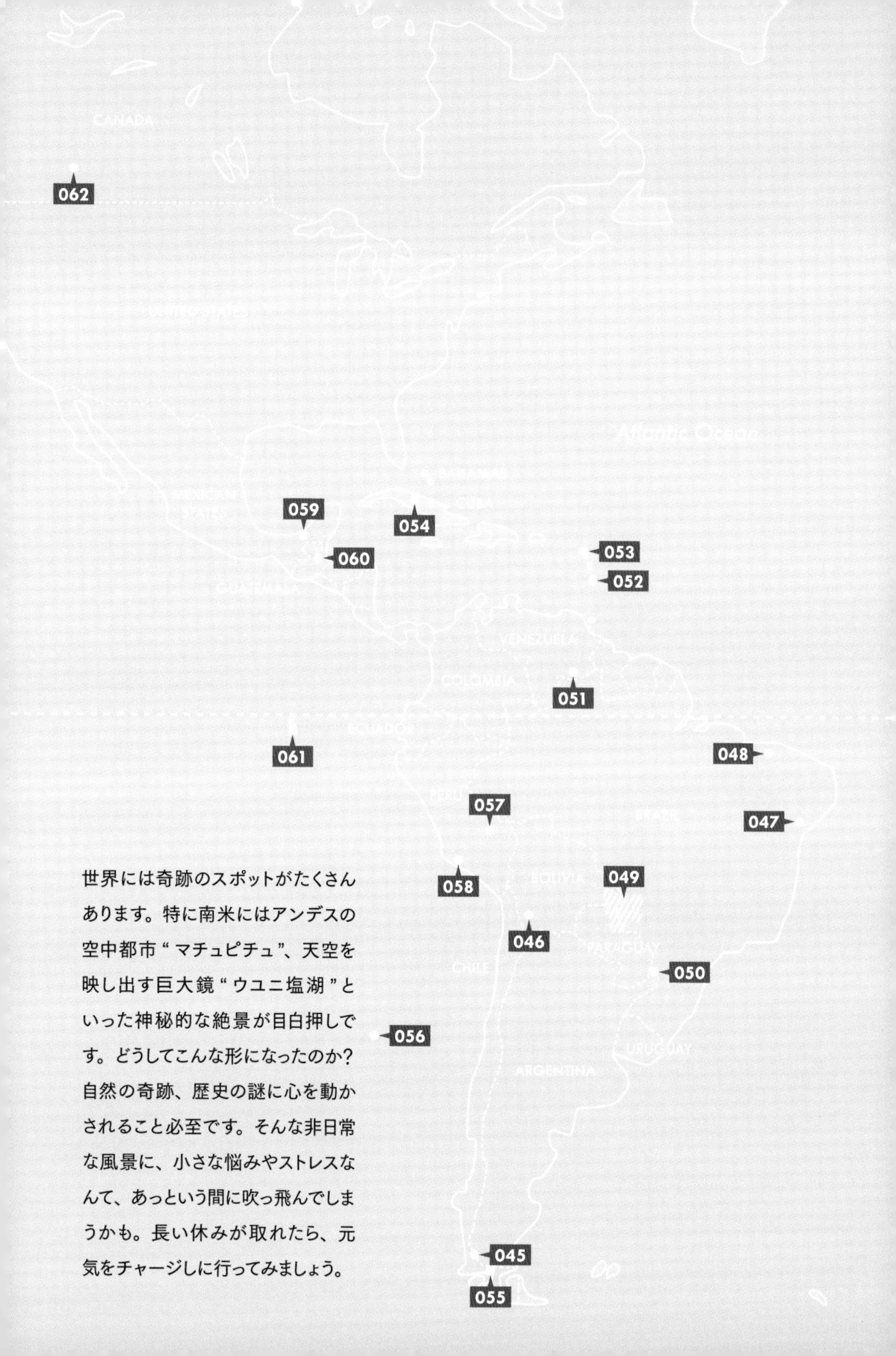

世界には奇跡のスポットがたくさんあります。特に南米にはアンデスの空中都市“マチュピチュ”、天空を映し出す巨大鏡“ウユニ塩湖”といった神秘的な絶景が目白押しです。どうしてこんな形になったのか？自然の奇跡、歴史の謎に心を動かされること必至です。そんな非日常な風景に、小さな悩みやストレスなんて、あっという間に吹っ飛んでしまうかも。長い休みが取れたら、元気をチャージしに行ってみましょう。

成長と崩落を繰り返す、
生きる氷河（ペリトモレノ
／アルゼンチン）

轟音を立てて崩れ落ちる氷河は迫力満点！

045

ペリトモレノ　アルゼンチン

成長と崩落を続けている“生きている氷河”

アルゼンチン、パタゴニア地方には世界遺産に登録された「ロス・グラシアレス国立公園」があります。園内には多数の氷河が存在し、そのもっとも有名なのがペリトモレノ氷河です。

全長約35㎞、面積250㎢という巨大な氷河は“生きている氷河”という表現がぴったり。地球温暖化の影響で、毎年小さくなっている氷河が多いのですが、ペリトモレノ氷河は現在も成長と崩落を繰り返し、ほぼ同じ大きさを保っています。

展望台から見る氷河の崩落シーンは迫力満点！　静寂のなか、突然、バリバリ、ドッカーンという落雷のような音がしたかと思うと、氷河の壁が崩れ落ち、大きな波と水煙が上がる……長

クルーズ船だから見える氷河の新しい表情。

左／クルーズ船で氷河に近づくよ。

い年月を旅してきた氷河の終焉です。

10～15分おきに、あっちでバリバリ、こっちでドッカーン！　世界中から集まった観光客は、崩落の瞬間を撮ろうとカメラを構え固唾をのんでいます。一見すると不変、不動にも思えるほど巨大な氷ですが、最前部の壁面は何十年も前に流れてきたもの。氷は気泡がなく透明度が高いため、とても印象的なブルーです。特に、亀裂の奥を覗いたときのディープブルーは美しく、じっと眺めていると吸い込まれそうになります。

氷河を歩いて自然の芸術を体感しよう。
クレバスはとっても深いよ～。

悠久のときを経た
氷河のオンザロックで乾杯！

体力に自信がある人は、ぜひ氷河トレッキングに挑戦してみましょう。アイゼンをつけ氷上を約2時間お散歩。途中、クレバスなどにヒヤリとさせられますが、氷を駆け抜ける風は冷たくも爽快そのもの。最後は氷河観光のお約束、ウイスキーで乾杯！　悠久のときが創造した氷河入りのオンザロックは、どんな高級バーでも再現できない格別な味です。

クルーズ船で壁面に近づくことも可能です。湖面からそびえる氷河は美しく神秘的。手をのばせば届きそうなくらい近いので、崩落の音もスゴイ！　日本から40時間の長旅もなんのその、まさに期待を超える光景との出会いが待っています。

拠点となる
カラファテは
かわいらしい町。

氷河の
オンザロックは
格別♪

No.045 Information

国名	アルゼンチン
¥	36万～52万円
	12～3月
難易度	★★☆☆☆
誰と？	□1人　☑カップル　□ハネムーン　☑夫婦　☑友達と　□親と　□子連れで

PLAN

1日目	東京発
2日目	ブエノスアイレス→カラファテ泊
3日目	ペリトモレノ氷河観光
4日目	カラファテ→ウシュアイア泊
5日目	フェゴ国立公園とビーグル海峡クルーズ
6-8日目	ウシュアイア発→東京着

POINT

ベストシーズンは12月～3月（現地の夏）。氷河観光は寒いので、上下とも考えうる限りの防寒対策を。強風で帽子などが飛ばされないよう準備もしておいたほうがよい。カメラは寒さでバッテリーがすぐなくなるので、予備を用意しておこう。双眼鏡もあると便利。

一面ピンク色の景色に出会えたら、きっといいことありそう（ウユニ塩湖／ボリビア）

真っ白な塩の大地でアクティブに遊ぼう！（トリック写真の一例）

046

ウユニ塩湖　ボリビア

奇跡の絶景！　塩湖の上にできる“天空の鏡”

　ボリビア中央西部、アルティプラーノにある塩の大地、ウユニ塩湖。地平線まで続く白銀の世界は、昨今の絶景ブームの火つけ役、といっても過言ではないでしょう。

　かつて海底だったアンデス山脈が隆起した際、海水ごと持ち上げられ湖となったものの、降水量が少なく、流入する河川もなかったため、海水が干上がり、ご覧のような大塩原に。高低差が約50㎝と、ほぼ真っ平なことから「世界でもっとも平らな場所」ともいわれています。

　行ってみると、とにかく広い！　南北に約100㎞、東西に約250㎞あり、四国の約半分に相当する広さです。一番の絶景は雨季（1月～2月）。雨が降った直後のわずかな時間だけ、

塩のホテル。壁を舐めるとしょっぱいよ。

塩の上で
ランチは
いかが？

水が波もたたないほど薄く広がるため、湖面が鏡のように反射します。それは“天空の鏡”と呼ばれ、湖面に映った空と雲は感動的な美しさです。

乾季の楽しみ……
お約束のおもしろトリック写真

しかし、あたり一面、真っ白となる乾季（4月～11月）も見応えは十分。標高が高く、空気も薄いため、まるで雪原にいるかのような錯覚におちいります。この時期は、湖上をアクティブに動くことも可能。周りに障害物がないので、遠近法を使ったトリック写真に挑戦すると楽しいでしょう。

日本からここまで約35時間。遠路はるばる来たのだから、周辺に宿をとり、夜と早朝のウユニ塩湖も心に刻んで帰りたいもの。静寂に支配された塩の世界は、昼間とは違った感動が得られるはずです。天気がよければ、こぼれ落ちるほどの星空にも出会えます。もちろん、塩のホテルもあります。壁もテーブルもベッドも塩！　一見、奇をてらっているようですが、設備は快適なのでおすすめです。

住民のなかには、ここで採れた塩を販売して生活している人もいて、近くの製塩所で製造工程も見ることができます。粒が大きくミネラル感たっぷりなウユニの塩はお土産にもイチ押しです。

塩で六角形の模様ができるよ〜。

雨季には行けない魚の島や火山に行こう。

かわいいリャマが、たーくさんこっちを見てるよ。

おもしろ写真をいっぱい撮っちゃえ！

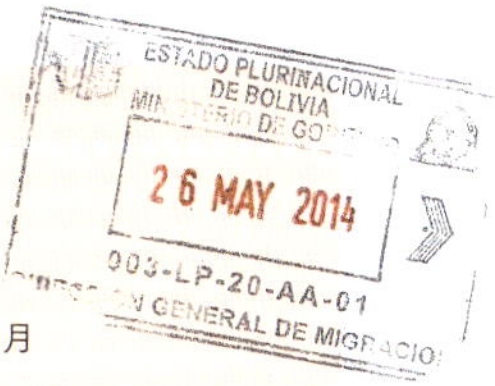

No.046 Information

国名	ボリビア
¥	35万～60万円
	12～2月、4～11月
難易度	★★★★☆
誰と?	☑1人　☑カップル　☑ハネムーン　☐夫婦　☑友達と　☐親と　☐子連れで

PLAN

1日目	東京発
2日目	ラパス着
3日目	ラパス→ウユニ塩湖へ
4日目	ウユニ塩湖泊
5日目	ウユニ塩湖→ラパス泊
6-8日目	ラパス発→東京着

POINT

ウユニ塩湖は標高3700 mと富士山並みの高地。頭痛薬や高山病の薬があると安心。朝、昼、夜すべての時間でロマンティックな風景を見られる。夏でも涼しいので防寒着の用意を。日差しもかなり強いので、紫外線対策も抜かりなく。

旧市街には華麗な教会とカラフルな家々が立ち並ぶ。

047

サルバドール　ブラジル

不思議なムードが漂うカラフルで陽気な古都

打楽器のリズムに合わせて動くカンドンブレーの儀式。

ブラジル北東部の町、サルバドール。ブラジル第3の人口を有し、町の名前は「諸聖人の湾」という意味をもっています。大西洋に面したブラジル屈指の美しい都市で、2014年サッカーワールドカップの開催地にもなりました。

「1年の日数と同じ数だけ教会がある」といわれるこの町にあるのが、世界遺産のサルバドール・デ・バイア歴史地区。植民地時代の面影を残す町並みには、華麗なバロック様式の教会が点在し、パステルカラーのきれいな家々が立ち並んでいます。

ここに住むアフリカ系の住民は、かつてサトウキビ農園で働く奴隷として連れてこられた人々の子孫で、独特の宗教や音楽、舞踏を生み出しました。それはアフロブラジル文化と呼ばれ、

病気や怪我に悩んでいる人も来るボンフィン教会。
その一室には願いが叶った人々の写真が飾られている。

カポエイラの流れるような動きは見ているだけで楽しい。
実はサンバと同じステップ！

ダンスのような格闘技カポエイラや、黒人の宗教カンドンブレーなどが今に残っています。

町を歩くと、アフリカ、植民地時代のポルトガル、そしてネイティブが混じり合った、独特なムードを感じるでしょう。外国人がイメージするブラジルがリオデジャネイロなのに対し、ブラジル人にとって真のブラジルは、ここサルバドールなのです。

「奇跡の教会」のミサンガで願をかけよう

数ある教会のなかでも「奇跡の教会」と呼ばれるのが、大西洋を見下ろす丘の上に立つボンフィン教会。霊験あらたかな教会で、世界中の信者が祈りをささげにやってきます。彼らはここで売られているカラフルなリボンをミサンガのように手首に結びつけて願をかけます。その願いは誰にもしゃべってはならず、願いが叶うまでリボンを外してはいけないといわれます。

また、海辺の町とあって、海岸線のホテルではリゾート気分も味わえます。市街観光のあとは、ビーチでのんびりはいかが？　灼熱の太陽の下、キンキンに冷えたビールでクールダウン。ブラジルならではの陽気な雰囲気に、自然と気持ちが解放されるでしょう。

カラフルなミサンガはお土産にもいいね。

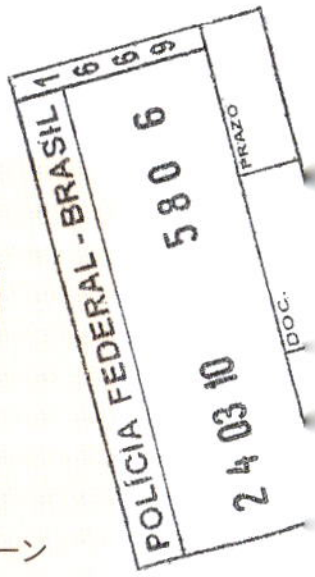

No.047 Information

国名	ブラジル
¥	30万～45万円
👣	5～11月
難易度	★★☆☆☆
誰と？	□１人　☑カップル　□ハネムーン　☑夫婦　☑友達と　□親と　□子連れで

PLAN

1日目	東京発
2日目	サンパウロ着→イグアスの滝泊
3日目	イグアスの滝→サルバドールへ
4日目	サルバドール観光
5日目	サルバドール→リオデジャネイロ泊
6-8日目	リオデジャネイロ発→東京着

POINT

ブラジルの旅は治安が不安といわれるが、サルバドールは町の浄化・復元プロジェクトにより、交番が各所に設置され、治安の悪さは解消されつつある。ただし、夜のぶらぶら歩きは禁物。スリも少なくないので、高価なものは身につけないほうが無難。

そう簡単に
絶景は見られ
ないのだ！

秘境中の秘境と呼ばれるのにふさわしい絶景スポット。
空からの光景に目を見張る。

048

レンソイス　ブラジル

サンダルで行けば
水に入っても
OKだし便利。

大河アマゾンが育む奇跡、神秘の水晶砂漠

　ブラジル北東部、大西洋岸にあるマニャラン州の「レンソイス・マニャラン国立公園」。世界に砂漠は数あれど、ここほど「白」が美しい砂漠は珍しいでしょう。理由は、砂が水晶の成分である石英という白い鉱物だから。混じりっけのない石英は長い年月を経て研磨され、光を反射し白く輝くのです。それが“はためく真っ白なシーツ（ポルトガル語でレンソイス）”に例えられることから、名前がついたそうです。広さは、東京23区2個分というからスケールが違います。

　絶景にたどり着くには少々時間がかかりますが、スリリングな行程も併せて楽しむのが旅のコツ。まずは世界遺産に登録されている歴史地区、サン・ルイスに渡り、そこから陸路で4〜5

世界一細かく、世界一白いといわれる砂の粒。
砂丘を裸足で歩くと気持ちいい〜。

結構深いところもあるから気をつけて。
ラゴーアは光の加減で輝き方が変わるよ。

時間かけてバヘリーニャスへ。さらに4WDで、ジャングルの奥へと突き進み……、ガタガタ道に揺られること約1時間半。ようやくレンソイスに着くと、感動もひとしおです。

雨季に現れる
ブルーラグーンでスイミング！

　レンソイスが美しいのは雨季（1月〜6月）が終わりに近づく6月〜9月。乾季に入ってもまだ湖水が残っているこの時期に限り見られる真っ白い砂と湖（ラゴーア）の青の織りなすコントラストは、世界にふたつとない絶景です。遊覧飛行で上空から見下ろすのもいいですが、砂浜を歩くのもおもしろい！

　よーく見ると、魚が泳いでいるラゴーアもあり、生き物の神秘を感じます。乾季になり水が干上がると同時に、魚も姿を消すというから、自然は本当に不思議です。もちろん、人間も泳ぐことができるので、チャレンジしたい人は、水着とビーチサンダルを忘れずに。サンセットを見たあと、バヘリーニャスに戻り、翌日はさらなる絶景スポットへ。プレグイシャス川をスピードボートに乗って、川沿いの漁村をめぐったり、バッソーラスという別の白い砂丘を観光するのが定番です。各地ではサル、鳥、イグアナ、カメなどかわいらしい野生動物が待っています。

ラゴーアに棲むナゾの魚。

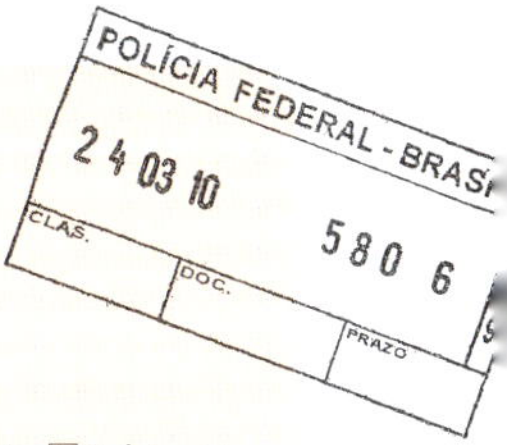

No.048 Information

国名	ブラジル
¥	30万〜80万円
👣	6〜9月
難易度	★★★☆☆
誰と?	☑1人　☑カップル　☑ハネムーン　☐夫婦　☑友達と　☐親と　☐子連れで

PLAN

1日目	東京発
2日目	サンパウロ着→イグアスの滝泊
3日目	イグアスの滝観光
4日目	イグアスの滝→サン・ルイス泊
5-6日目	レンソイス観光
7-9日目	サン・ルイス発→東京着

POINT

水着、ビーチサンダル、サングラス、虫よけスプレー、雨合羽（スコール対策）は必携。ビーチサンダルはカラフルな色使いで人気のブラジルブランド「ハワイアナス」を現地で買うのもよい。レンソイスには公衆トイレがないので、事前に済ませておくこと。

広大な湿原に、多種多様な動植物が息づいている。

049

南パンタナール ブラジル

ブラジルでは
ピラニアも
刺身で食べます。

緑生い茂るジャングルに広がるアニマルワールド

南米大陸のほぼ中央、ブラジル、パラグアイ、ボリビアの3国にまたがっているのが、世界遺産のパンタナール大湿原（パンタナール保全地域）です。日本の本州とほぼ同じ広さという、大きなスケールの手つかずの大自然のなかに、300種の哺乳類、480種の爬虫類、1000種の鳥類が生息するといわれています。

定番のボートサファリだけでなく、
自分で漕ぐカヌーにも挑戦！

南パンタナールは充実のアクティビティが魅力。
動物たちの生活を肌で感じよう。

かわいらしい見た目とは裏腹に、
ワニと戦うこともあるオオカワウソ。

パンタナールの農園ホテルはとにかく広大！
農場内をジープやボートでまわろう。

どうせ行くなら不便でもより自然の美しい南パンタナールへ

パンタナールには、交通の便がいい北パンタナールと、空路でしか行けない南パンタナールがありますが、不便でもより自然の美しい南パンタナールがおすすめ。サンパウロからカンポ・グランジ空港に約2時間で飛び、そこからセスナをチャーターして約1時間、滞在先のロッジに入ります。

緑生い茂るジャングルでは、カラフルなコンゴウインコほか、さまざまな種類の鳥が歓迎してくれます。まさに鳥好き垂涎のバードウォッチ天国！

また、ジャングルを抜けて湿地のなかで乗馬を楽しんだり、サファリドライブ、ボートサファリ、カヌー、ピラニア釣り、シュノーケリングなど、たくさんのプログラムが楽しめます。

その都度、数多くの動物との出会いがありますが、なんといっても感動するのがカピバラ。体長1～1.4m、体重30～70kgの世界最大のげっ歯類です。通称「水豚」とも呼ばれる愛嬌のある姿とおっとりとした表情で、ジャングルの人気者。このほかワニ、希少動物であるオオカワウソ、めったにお目にかかれないオオアリクイやジャガーなどが見られることもあり、動物好きにはたまらないワイルドな世界です。

木々の緑と水辺のブルーが織りなすパンタナールの風景は、開放的でスケールが大きく、とても清々しいもの。こんな美しい世界に獰猛な動物が棲んでいるというギャップがまた、パンタナールの魅力なのです。

広大な農園ホテルが点在しており、おいしい魚や野菜など、スローフードがいただけるのもうれしい限り。数日間とはいえ、超ナチュラルで素朴な生活で、人生観が変わるかも……!?

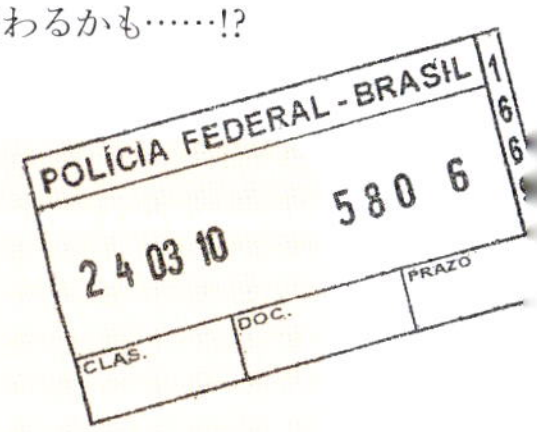

No.049 Information

国名	ブラジル
¥	45万～80万円
	7～10月
難易度	★★★☆☆
誰と?	☐1人　☑カップル　☐ハネムーン　☑夫婦　☑友達と　☐親と　☑子連れで

PLAN

1日目	東京発
2日目	サンパウロ着→イグアスの滝泊
3日目	イグアスの滝
4日目	イグアスの滝→カンポ・グランジへ
5日目	南パンタナールでアクティビティ
6-9日目	カンポ・グランジ発→東京着

POINT

ベストシーズンは乾季の7月～10月。朝晩の冷え込みや虫刺されに備えて長袖、長ズボンは必須。虫よけスプレーもあるとよい。シュノーケリングをする場合は水着が必要。自然観察なので、記載の動物や鳥が必ずしも見られるとは限らない。

水量が多く、迫力と美しさを併せもつ。

050

イグアスの滝　ブラジル・アルゼンチン

雨合羽があると
便利。100均の
でもOK!

地球のパワーを全身で感じる瀑布

ブラジル（20％）とアルゼンチン（80％）の両国にまたがるイグアス国立公園。その主役はもちろん、イグアスの滝です。イグアスとは先住民の言葉で“大いなる水”の意。北米のナイアガラの滝、アフリカのビクトリアの滝と並ぶ世界三大瀑布のひとつですが、水量ではほかのふたつをはるかに凌駕します。なんと、滝幅４km、最大落差約82m、水量毎秒６万5000tというスケールです。爆音とともに舞い上がる水煙、圧倒的な水の勢いは、滝ファンならずとも一度は見ておきたいでしょう。

滝へのアプローチはいろいろあります。ブラジル側とアルゼンチン側では表情が違うので、ぜひ両国から押さえておきましょう。

ブラジル側の特徴は、滝の全景を見られること。虹がかかった水のカーテンは、うっとりするほど優美です。公園内の滝の見えるホテルに１泊するのもいいかもしれません。屋上の展望台から見える、滝の水煙が雲のように立ちのぼる光景も感動的です。

水のカーテン。マイナスイオンもたっぷりで、癒やされる〜。

虹のトンネルをくぐって見学。
満月なら夜の虹が見られるかも!?

フォス・ド・イグアスのラテンショー。
ブラジルではサンバショーも必見だよ!

滝壺に向かうゴムボートツアーはスリル満点

アルゼンチン側は、どちらかというと横からの眺めが多いのですが、より滝に接近しているため、自然の驚異を全身で感じることができるでしょう。遊歩道を歩いていくと、最大のハイライト「悪魔の喉笛」を見下ろせる展望台にたどり着きます。すさまじい水しぶきを上げて流れ落ちる姿は、ド迫力！　勢いで体が吹っ飛ばされそうになるほど。さらに滝に迫りたい人は、ボートに乗ることをおすすめします。滝壺に向かうゴムボートはまるで絶叫マシンのようにスリリング。ドライバーはわざと波の高いところに突っ込み、お客を喜ばせます。当然、ずぶ濡れになりますが、それもまたいい思い出に。

滝を見ると気分が爽快になる、と多くの人がいいます。それはきっと、マイナスイオンのおかげ。イグアスの滝はその効果をひしひしと感じられるスポットです。

最大の瀑布
「悪魔の喉笛」は
息をのむ迫力!

特に水量が多いのは11月～5月。

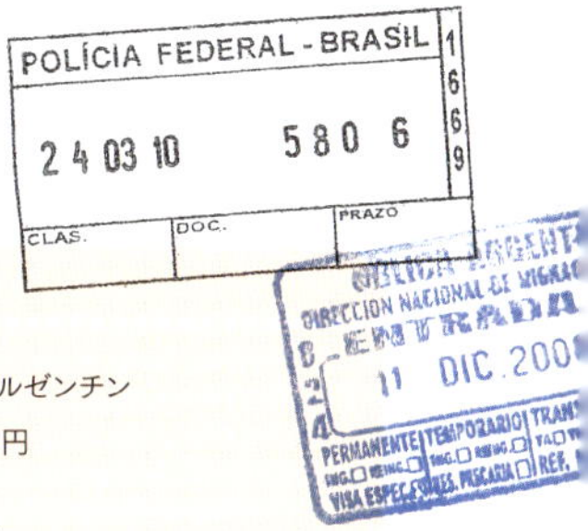

No.050 Information

国名	ブラジル・アルゼンチン
¥	25万～45万円
👣	8～12月
難易度	★★☆☆☆
誰と?	☑1人　☑カップル　☑ハネムーン　☑夫婦　☑友達と　☑親と　☑子連れで

PLAN

1日目	東京発
2日目	イグアスの滝泊
3日目	イグアスの滝観光
4日目	リオデジャネイロへ
5日目	リオデジャネイロ観光
6-8日目	リオデジャネイロ発→東京着

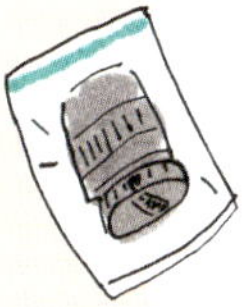

POINT

ブラジルはビザが必要。取得まで1カ月程度かかるので、早めの手続きを。滝観光は濡れてもいいよう水着着用が望ましい。100円均一などで売っている使い捨ての雨合羽もあると便利。カメラは濡れないように、ジッパーつき保存袋などに入れておくとよい。

水着を持参
すれば滝壺で
泳ぐこともできるよ。

片道約６時間の
冒険旅行の終着点。
滝を見上げて
パチリ！

滝を眼下に見下ろす遊覧飛行体験も格別！

051

エンジェルフォール　ベネズエラ

地球最後の秘境、世界最大の落差を誇る滝

南米大陸、最大の観光スポット、ギアナ高地。なかでもベネズエラ、カナイマ国立公園にある世界最長の滝「エンジェルフォール」は必見でしょう。天使が舞い降りてくるような滝、というロマンティックな意味ではなく、1937年10月９日、米国人パイロット、ジェームズ・エンジェル氏が発見したことにちなんでいます。

ボートツアーでは、
大迫力のアチャの滝や
サポの滝の裏を
通ることも。

ナチュラルなロッジは意外と快適。国立公園内にあるため、雄大な自然を身近に感じることができる。

3つの滝が合わさったゴロンドリーナの滝は大迫力。

霧となって消えるはかなさも人をひきつける

広大なテプイ（テーブルマウンテン）のひとつアウヤンテプイから流れ落ちる水は最大落差979m。およそ東京タワーを縦に3つ積み重ねた換算です。水が地表に届く前に霧状になってしまうため、滝壺がないというのが特徴で、滝の真下は絶え間なく霧が降り注いでいます。

ナイアガラの滝、イグアスの滝、ビクトリアの滝など世界の有名な滝のなかでもエンジェルフォールはロケーションが異色です。まさしく陸の孤島。秘境中の秘境です。まず、首都カラカスから空路で玄関口のカナイマに行き、さらに深い森に囲まれた川をボートで3時間。最後に1時間ほどジャングルを歩いて、滝を真正面に見られる展望台に着きます。大きく張り出した木の根っこやゴロゴロ転がっている石をまたぎながらなので、ちょっぴりハードですが、わざわざ行くだけの価値あり！　歩くのが苦手な人はヘリやセスナによるフライトツアーもあるので体力と相談して選びましょう。

ベストシーズン（5月～9月）は雨季。高さだけでなく水量も増えるので迫力満点。爽快な眺めと、時間をかけてやってきた達成感もプラスされ、気分は上々。人間は自然に対してちっぽけで無力な存在であることを、改めて痛感します。

カナイマにはナチュラルなロッジがいくつかあるので数泊してここを拠点に観光します。ジャングルが一望できるレストランで食事をしたり、南米らしいカラフルな鳥と戯れたり……大自然のなかで遊ぶのが大好きなアドベンチャー女子には大興奮の旅となるでしょう。

No.051 Information

国名	ベネズエラ
¥	40万～60万円
	5～9月
難易度	★★★★☆
誰と?	□1人　☑カップル　☑ハネムーン　☑夫婦　☑友達と　□親と　□子連れで

PLAN

1日目	東京発
2-3日目	カラカス着→カナイマ泊
4日目	エンジェルフォール観光→カナイマ泊
5日目	カナイマ→カラカス泊
6日目	カラカス観光→カラカス発
7-8日目	乗り継ぎで東京着

POINT

雨具（ポンチョが便利）、濡れてもいい歩きやすい靴、防水スプレー、水着、軍手、薄手の防寒具は必需品。ボートツアーではカメラやパスポートなどを水から守るジッパーつき保存袋に入れておくこと。ロッジに宿泊する際は蚊取り線香や虫よけスプレーがあるとよい。

観光客が少ない分、カリビアンブルーも一段と鮮やか！

これはなんとボートで行く沖合いのスパ用コテージ！

052

セントビンセント・グレナディーン諸島　カリブ海

カリビアンブルーに包まれた小島の極上リゾート

カリブ海には美しい島がたくさん存在します。日本人にはまだあまり知られていませんが、サンゴ礁と小さな島々が集まったセントビンセント・グレナディーン諸島はジェットセッターの遊興地として人気のスポットです。ハネムーンやフルムーンなど人生の節目となる長い休暇がとれたら、そんなカリビアンリゾートの島を、アイランドホッピングして楽しむのはいかがでしょう。

ボートが浮いて見えるほどの
透明感！

きれいなビーチではスキューバダイビングやシュノーケリングも
楽しめる。ウミガメが泳いでいるのも見えるよ！

静かで安らげるのは旅慣れたトラベラーしかいないから

どの島も見どころはありますが、ロングステイするならプティセントビンセント島がおすすめです。ホテル「プティ・セントビンセント・リゾート」では日本人の観光客をまず見かけません。22部屋しかないロッジに滞在するのは、旅慣れたトラベラーのみ。プライベートジェットでやってきたセレブリティ夫婦も少なくなく、日本では味わえない、非日常の空間が広がっています。案内される部屋は石造りで、シンプルでナチュラル。大きな窓を開けると、目の前にはターコイズ色の海が迫ります。まずは、テラスに横たわり、遠くを眺め、なにもしない贅沢を味わいましょう。スタッフのサービスはフレンドリーかつ洗練されているので、何者にも邪魔されず自分の時間を過ごせます。

もちろん、ゴルフ、セイリング、ダイビングなどさまざまなアクティビティも充実しているので、ロングステイも飽きることがありません。

女性ゲストの多くが利用するスパもおすすめです。熟練セラピストが施す心のこもったトリートメントが日ごろの疲れを十分癒やしてくれるでしょう。

デトックスで体のなかからきれいになったら、少しおめかししてダイニングへ。海に突き出したカップル用のテーブルで、かけがえのない人と、グラスを傾けながら過ごす夜。これほどロマンティックなシチュエーションは、世界中探してもそうはないはずです。

カリブの海賊！
ではなくお土産の
Tシャツ売りの
おじさん。

No.052 Information

国名	イギリス領
¥	37万～50万円
	12～6月
難易度	★★★☆☆
誰と?	☐１人　☑カップル　☑ハネムーン　☐夫婦　☑友達と　☐親と　☐子連れで

PLAN

1日目	東京発→サンファン泊
2-3日目	サンファン発→セントルシア泊
4-6日目	セントビンセント・グレナディーン諸島に滞在
7日目	バルバドス観光
8-10日目	バルバドス発→東京着

POINT

セントビンセント・グレナディーンは、本島のセントビンセント島とグレナディーン諸島（グレナダ領除く）で構成され、現在はイギリス連邦加盟国となっている。よって、公用語は英語。熱帯雨林気候で、気温は18～32℃。ベストシーズンは乾季の12月～6月。

ハリウッドの有名俳優も羽をのばしに訪れる。

053

アンギラ カリブ海

果てしなく続く白砂ビーチ

アンギラはカリブ海のなかでも指折りの美しいビーチを誇ります。名前は島の形が長細いことから、フランス語で「うなぎ」を意味します。観光名所はほとんどありません。その代わり、どこへ行ってもカリビアンブルーの海とあまりにも美しい真っ白なビーチが広がっています。カメの産卵地としても有名です。熱帯のプロヴァンスと呼ばれるフランス領のリゾート地、セントマーチンから日帰り可能ですが、島内にはロマンティックなホテルも何カ所かあるので、ぜひこの島にステイして時間の許す限りのんびりするのがイチ押しです。世界でもっともプロポーズに適したホテルランキングにも選ばれた「キャップ・ジュルカ」は、大切な人とぜひ訪れてみたい場所です。

左／セレブに人気、白亜のリゾート「キャップ・ジュルカ」。
右／セントマーチンから船で20分。国が違うのでパスポートを忘れないでね。

No.053 Information

国名	イギリス領
¥	17万～30万円
👣	11～5月
難易度	★★☆☆☆
誰と?	□1人 □カップル ☑ハネムーン □夫婦 ☑友達と □親と □子連れで

PLAN

1日目	東京発→セントマーチン泊
2-3日目	セントマーチンから アンギラへ
4日目	セントマーチン→ダラス泊
5日目	ダラス発
6日目	東京着

POINT

アンギラはイギリス領。セントマーチンから行く場合は、日帰りでもパスポートが必要。ベストシーズンは乾季にあたる11月～5月。8月～10月はハリケーンシーズンなので避けたほうがいい。水道水は×、必ずミネラルウォーターを飲もう。

町にはチェ・ゲバラがたくさん。

054

ハバナ キューバ

陽気な音楽にあふれたカリブの楽園

カリブ海最大の島、キューバ。世界遺産のハバナは、美しいビーチとスペインコロニアルの面影を残すエキゾチックな町並みが魅力です。1950〜60年代のアメリカ車が現役で走り、革命家チェ・ゲバラは今なお国民の英雄。ヘミングウェイが愛したバーも健在で、銅像が今も楽しそうにお客に微笑みかけています。ここは、タイムマシンに乗って異次元の世界に迷い込んだような空間なのです。また、キューバといえばサルサの音楽。町角で楽器を演奏している人は珍しくないし、レストランやバーでは必ずといっていいほどバンド演奏が楽しめます。日が暮れると広場はライトアップされロマンティック。本場のモヒートを注文したら、長い夜の始まりです。

今も現役で走るクラシックカー。

「一緒に飲まない?」
と誘うヘミングウェイ。

No.054 Information

国名	キューバ
¥	20万〜35万円
👣	12〜4月
難易度	★☆☆☆☆
誰と?	☑1人 ☑カップル □ハネムーン ☑夫婦 ☑友達と ☑親と ☑子連れで

PLAN

1日目	東京発→ハバナ着
2日目	ハバナ観光
3日目	ハバナ→バラデロ泊
4日目	バラデロ観光
5日目	バラデロ→ハバナ泊
6-8日目	ハバナ発→東京着

POINT

お土産の定番はゲバラTシャツ。ただし、クレジットカードを使えない場合が多いので、空港で現金を両替しておこう。治安のいい国として知られているが、観光客の増加とともに軽犯罪が増えているので貴重品の管理は注意しよう。

まるで絵葉書のような色づかい！

055

パイネ国立公園 チリ

湖の碧、空の青、純白の氷河、奇峰群が織りなすコントラスト

南米を代表する大自然の宝庫、チリのパイネ国立公園。プエルトナタレスの北約120km、パタゴニア地方の南部に位置する自然公園で、アンデス山脈の一部をなしています。24万ヘクタール以上の広大なエリアは、1959年にユネスコの保護区域に指定されました。

ここには美しいエメラルドグリーンの氷河湖がいくつも点在し、その様はまさに絶景。湖の碧さと空の青色、そして純白の氷河とのコントラストがとても美しく、自然遺産のすごさを感じずにはいられません。その風景のなかに牙をむいたかのように林立する奇峰群は、強い風を受けて山肌がむき出しになっており、見る者を圧倒する迫力があります。

かわいい顔して、
意外とどう猛な
カラカラ鳥。

左／一時は絶滅寸前まで減少したグアナコの毛織物はカシミアより高級！

アイスキャンディーみたいな青い氷河が見られる
ウプサラ氷河ツアーも人気。

公園内のホテルなら、
パイネの絶景を滞在しながら堪能できる。

もっとも有名なのが岩峰トーレス・デル・パイネ。デ・アゴスティーニ峰（2850m）、セントラル峰（2800 m）、モンツィーノ峰（2700m）の3峰からなるパイネ国立公園の象徴です。さらに、その姿が角のようであることから名づけられたクエルノス山、湖から湖へと流れ落ちるサルト・グランデの滝、グレイ湖をたたえるグレイ氷河、ペオエ湖、ノルデンスコールド湖など人気スポットが点在しています。

たくさんのトレッキングコースが魅力 マイペースで楽しもう

パイネ国立公園で楽しめるアクティビティは、トレッキング、ハイキング、フィッシングなど。公園を周回しているトレッキングコースを5日間かけて歩くこともできるし、花々の咲く草原をのんびり観光するのもOK。自分のペースで大自然を楽しみましょう。グアナコなど、ひょっこり姿を現す野生動物の姿もかわいらしさいっぱいです。

湖で氷河に接近する迫力のクルーズ観光もおすすめですが、大きな氷河の氷が湖面を覆いつくして船が走らないことも。自然が相手ですから、大きな気持ちで接することが大切かもしれません。

ボートで南米大陸最南端、ホーン岬に行くことも可能。せっかくなので足をのばしてみてはいかがでしょう。

No.055 Information

国名　チリ
¥　30万～80万円
（足跡マーク）　11～3月
難易度　★★☆☆☆
誰と?　☐1人　☑カップル　☑ハネムーン　☑夫婦　☑友達と　☐親と　☐子連れで

PLAN

1日目　東京発
2-3日目　ブエノスアイレス着→プエルトナタレス泊
4日目　パイネ国立公園泊
5-6日目　プエルトナタレス→カラファテ泊
7日目　ペリトモレノ観光
8-10日目　カラファテ発→東京着

POINT

ハイシーズンは夏（日本の11月～3月）。12月ごろはラベンダーが咲き美しい。最高気温は20℃前後だが、天気が変わりやすいのでダウンジャケットは必ずもって行こう。冬は冷蔵庫のような寒さ。ありったけの防寒対策を。

ズラリと並ぶモアイがお出迎え。

056

イースター島　チリ

モアイですが
ナニかっ?

南太平洋の孤島には謎の顔面がいっぱい

モアイ像があることで知られる神秘の島、イースター島。チリから西へ3700㎞、南太平洋にポツンと浮かぶ絶海の孤島には、約1000体のモアイ像が現存しています。島の始まりは4～5世紀ごろ、モアイ像がつくられるようになったのは10世紀ごろといわれています。島の名前は、1722年のイースター（復活祭）に発見されたことに由来しているそうです。

2月には年に一度の祭「タパティ」があるよ。
2週間の期間中、島の熱気は最高潮に！

火口湖が一望できるラノカウ火山展望台。
付近の岩には鳥人の儀式を刻んだ岩絵も。

ダイビングも有名。水のなかにもやっぱりモアイ。
絶海の孤島のため透明度はバツグン!

夕日に佇むモアイは哀愁たっぷり。
謎多きモアイに寄り添って、歴史に思いを馳せてみては?

歴史の謎と神秘を感じるパワースポット

モアイは大きなもので高さ9m、重さ90tにも達しますが、なんのためにつくられたのか、どうしてこんなにたくさんあるのか、いまだ謎。全貌がわからず神秘的であることから、パワースポットとしても注目されています。

観光のハイライトは、島の南東部にある「ラノララク」。ここはかつて、モアイの製作工場だった場所で、製作途中や、運び出す途中だったと思われるモアイが約400体も残っています。小山に点在するそれらは、立っているもの、寝っ転がっているもの、半分埋まっているものとさまざまで、顔も超個性的。あまりにもキュートで、一人ひとり(!?)と記念撮影をしていると、あっという間に1日が過ぎてしまいます。

一番規模が大きく迫力があるのが「トンガリキ」。ここでは15体のモアイ像がきれいに整列している姿を見ることができます。1960年に襲ったチリ大地震による津波で、多くが破壊されましたが、日本のクレーンメーカーが協力し、きれいに修復されました。なんと、大阪万博にやってきたモアイ(頭部)もここに! 島の東側に位置しているため、絶好の日の出スポットでもあります。

モアイ像見学以外にも白浜の美しいビーチで海水浴やダイビングも可能。欲張りに、あれこれ体験するなら3日以上はほしいところです。治安もよく、日本で修業経験があるチリ人が経営する居酒屋もあるので、夜も楽しめます。

ただし、自由時間後に「モアイで待ち合わせ」は通用しないので、ご注意を!

No.056 Information

国名　チリ
¥　30万〜80万円
11〜3月
難易度　★★☆☆☆
誰と?　☑1人　☑カップル　☐ハネムーン
☑夫婦　☑友達と　☐親と
☐子連れで

PLAN

1日目　東京発
2日目　サンチアゴ着
3日目　サンチアゴ→イースター島泊
4-5日目　イースター島観光
6日目　イースター島→サンチアゴ泊
7-9日目　サンチアゴ発→東京着

POINT

モアイ観光は足場が悪いので履き慣れた靴を。紫外線対策も必須。島の天候が変わりやすく雨も多いので雨合羽(傘は風が強く折れることもある)をもって行こう。亜熱帯気候で暑いイメージがあるが、冬は冷え込むこともあるので、防寒具を忘れずに。海に囲まれているだけあって、ロブスターをはじめシーフードの料理もおいしい。

「天国に一番近い都」の謎にせまる。

057

マチュピチュ　ペルー

2000m級の山に佇む謎多き空中都市

南米きっての観光地、マチュピチュはウルバンバ渓谷の山間、標高2280mの頂上にあります。マチュピチュとは原住民の言葉で「老いた峰」という意。山裾からはその存在を確認できないことから“空中都市”とも呼ばれています。遺跡はインカ帝国を征服したスペイン人の侵略を逃れるため、あるいは復讐の作戦を練るためにつくられた秘密都市だったといわれています。16世紀半ば、インカの人はマチュピチュを残し、さらに奥地へと消えてしまったため、その後400年以上人の目に触れることがなく廃墟になっていました。1911年、アメリカ人歴史学者ハイラム・ビンガムによって発見されたのですが、いまだに起源の解明されていない謎多き

マチュピチュの村に温泉を引いたのは日本人って知ってた？

マチュピチュで露天風呂に入れます。

遺跡なのです。

アクセスは拠点となるクスコから列車でマチュピチュ村へ。そこからバスを乗り継ぎ、九十九折の山道を20分ほど登ると到着します。総面積は5㎢。斜面に広がる段々畑のなかに、神殿、宮殿、居住空間があり、周囲は5mほどの石積みの塀で固められています。

一生に一度は訪れたい世界遺産、第1位！

絶景は遺跡内にある「見張り小屋」からの眺め。背後にそびえるワイナピチュ（若い峰の意）とマチュピチュ全体を見渡すことができます。放し飼いのリャマやアルパカが、のんびり草をはむ姿に誰もがほっこり。

体力に自信があれば、早朝にワイナピチュに登ってみましょう（要予約）。約40～50分かけて頂上まで行くと、天空都市をさらに上から見下ろすことができ壮観です。

遺跡一つひとつも保存状態がよく見応え十分。朝早くクスコを出発すれば日帰りもできますが、マチュピチュ村に宿泊するのがおすすめ。早朝や夕方、観光客が少ない時間帯にじっくり見学できるし、体力的にも楽でしょう。村の外れにある温泉で疲れを癒やすことも可能。日本の温泉とは違い、水着で入る市民プールのような雰囲気ですが、貴重な体験になるはずです。

マチュピチュの住人リャマ。高地でも元気いっぱい。

石積みの技術はすごい！
どうやって石を運んだかも謎に包まれたまま……。

クスコからマチュピチュ村までこの列車で。

No.057 Information

国名	ペルー
¥	24万～40万円
	5～8月
難易度	★★☆☆☆
誰と？	☑1人　☑カップル　☑ハネムーン　☑夫婦　☑友達と　☑親と　☑子連れで

PLAN

1日目	東京発→リマ泊
2日目	クスコ、マチュピチュ泊
3日目	マチュピチュ観光
4日目	クスコへ
5日目	クスコ観光
6-8日目	リマ発→東京着

POINT

ベストシーズンは乾季の5月～8月。高地なので夏でも涼しいが紫外線対策はマスト。服装はウインドブレーカー＆歩きやすい靴といった山登りスタイルで。湿度が高く、虫が多いので虫よけスプレーも必須。マチュピチュ村の温泉に入る人は水着も忘れずに。

まるで映画のセット!?　伝説が眠るオアシスで幻想的な景色に出会う。

058

ワカチナオアシス　ペルー

人魚が棲んでいるといわれる砂漠のオアシス

　ワカチナオアシスは、ペルー南西部のイカから車で15分程度の場所にあります。砂漠内に突如現れる小さな湖は、まさにオアシス。それをとり囲むように人口100人ちょっとの小さな村が存在します。

　ここに残されているのは“人魚伝説”──『昔、この地の姫が水たまりで入浴しているところを、ハンターに覗かれているのに気づき、水たまりを湖に変えて逃げた。その際のマントのシワが砂丘となり、彼女は人魚となり今も湖に棲んでいる』という話も、まんざら嘘ではないかも!?と思ってしまうほど不思議な空間です。

　湖の周りはヤシ、ユーカリ、ワランゴといった木が生い茂りリゾートチック。レストラン、カフェ、土産物屋、ホテルも立ち並んでいますが、1周15分もあれば歩けるほどの小ささです。湖には

ペルーの
名物料理、
白身魚の
セビッチェ。

左／湖のほとりには伝説の人魚の姿!

この車で縦横無尽に砂丘を駆けめぐります！
風を受けるので体感速度はかなりのもの。

夕日に染まる砂漠。
なにもない静寂に包まれる。

ボートが浮かび、地元のカップルや家族連れがピクニックなどをして楽しんでいます。水は緑色で濁ってますが、鉱泉で体を癒やす作用があるといわれているので、町をぶらぶらしたあと、泳いでみるのもいいかも。

スリル満点！　童心に帰って楽しみたい砂のアクティビティ

アクティブに楽しみたい人には、サンドバギーやサンドボードといった砂漠のスポーツにチャレンジすることもできます。縦横無尽に走るサンドバギーは、まるでレールのないジェットコースター。高低差のある砂丘を猛スピードで上ったり、下ったりしてスリル満点です。

サンドボードはスノーボードのような板の上に腹ばいになり、上から滑り落ちてくるというもの。ここは羞恥心を捨て、童心に帰って楽しみたいものです。

クライマックスは、砂丘のてっぺんからの夕日観賞。足が砂に埋まり、なかなか登るのに苦労しますが、その甲斐はあります。日が沈み、町に明かりがともると、オアシスは光の海へと変化。ここならではの幻想的な光景を、ぜひ心に焼きつけて帰りましょう。

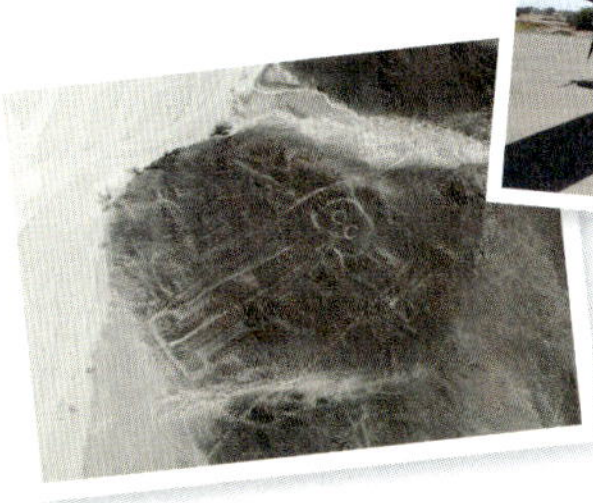

イカからセスナでナスカの地上絵を見に行こう！

ホテルも極上のオアシス。

No.058 Information

国名	ペルー
¥	30万～70万円
(足跡)	5～8月
難易度	★★☆☆☆
誰と？	☑1人　☑カップル　☐ハネムーン ☑夫婦　☑友達と　☐親と ☐子連れで

PLAN

1日目	東京発→リマ泊
2日目	リマ→ワカチナ泊
3日目	ワカチナ→リマ泊
4日目	リマ→マチュピチュ泊
5-6日目	クスコ泊
7-9日目	クスコ発→東京着

POINT

日焼け対策は必須。砂のアクティビティは当然のことながら砂まみれになる。カメラに砂が入ると動かなくなることもあるので、ジッパーつき保存袋などがあるとよい。湖は生活用水に使われているので、いずれは枯渇するといわれている。

神秘に満ちたジャングルの遺跡。

No.059 Information

国名　メキシコ

¥　25万〜40万円

👣　11〜4月

難易度　★★☆☆☆

誰と?　☑1人　☑カップル　□ハネムーン　☑夫婦　☑友達と　☑親と　□子連れで

PLAN

1日目　東京発→メキシコシティ着

2日目　メキシコシティ→ビジャエルモーサ泊

3-7日目　パレンケ、ウシュマル、メリダを周遊

8-9日目　メリダ発→東京着

POINT

地方は英語が通じにくいところも。挨拶や簡単な言葉だけでも覚えておくと役に立つ。あとは電子辞書やスペイン語の指差し会話帳などがあるとよい。治安は比較的良好だが、大都市や観光地では軽犯罪が増えているのでスリやひったくりには注意しよう。

059

パレンケ　メキシコ

ジャングルのなかに現れるマヤ文明の舞台

パレンケはマヤ文明の古代都市遺跡で世界遺産に指定されています。なかに入ると、「碑銘の神殿」や王様が住んでいたとされる4階建ての「宮殿」が現れます。宮殿の内部には戦争でとらえた捕虜たちを彫刻した石版、神聖文字の階段などがあり、見応えが十分です。「十字の神殿」の上部からは見晴らしがよく撮影スポットです。緑の美しいジャングルのなかに形の整った遺跡がコンパクトに配置されているといった趣。眺めるだけの遺跡ではなく、自由に散策できるところも多いので、遺跡ファンは足を運ぶ甲斐があるでしょう。マヤ文明の遺跡めぐりはメキシコ旅行のハイライトですが、なかでも絶対にはずせないのがこのパレンケなのです。

王様の遺体がつけていた翡翠の仮面。

本場のタコスはやっぱり食べておかないと。

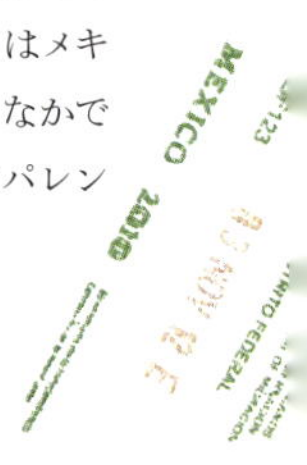

ジャングルを抜けると紀元前へタイムスリップ！

060

ティカル遺跡　グアテマラ

ときが止まったかのような美しいオーラの神殿

神殿を朝日が照らす。

九州と北海道を合わせたぐらいの小さな国、グアテマラには知られざる魅力がいっぱいあります。マヤ文明最古の「ティカル遺跡」もそのうちのひとつ。紀元前300年から紀元800年ごろまでに建てられた大小3000もの遺跡を見るには、サルや野鳥の声が聞こえるジャングルのなかを歩きます。一番の見どころは「IV号神殿」。急な階段を上り切ると、緑の樹海が広がる絶景が。「T号神殿」もときが止まったかのような美しい空間を保っています。遺跡近くのロッジに泊まったら、翌朝は日の出ツアーに出かけましょう。朝4時過ぎ。朝もやが消え太陽が顔を出すと、鳥が天へ舞い上がるかのようにいっせいに飛び立ち、神秘的な光景となります。

ハナグマなど、ワイルドな野生動物がたくさん。

No.060 Information

国名	グアテマラ
¥	30万～50万円
👣	11～4月
難易度	★★☆☆☆
誰と?	☑1人　□カップル ☑ハネムーン　☑夫婦 ☑友達と　□親と □子連れで

PLAN

- 1日目　東京発→グアテマラシティ着
- 2日目　グアテマラシティ→ティカル遺跡泊
- 3日目　ティカル遺跡にてサンライズ観賞ののち、ベリーズシティへ移動
- 4日目　ブルーホール遊覧飛行体験
- 5-7日目　ベリーズ発→東京着

POINT

雨季はスコールやハリケーンが発生するとともに蚊も増えるので、ベストシーズンは11月～4月の乾季。遺跡は急な階段も多いので、履き慣れた歩きやすい靴でめぐろう。帽子、サングラスのほか、夜は寒いので長袖のジャケットやカーディガンなどの備えを。

かわいらしい
アシカの赤ちゃん。
人を怖がりません。

ボクの名前は
アオアシカツオドリ。
ボクの足を見て!!

ボクたちに魚ちょうだい!
魚市場にはアシカや
ペリカンもやってくる。

061

ガラパゴス諸島 エクアドル

生物の進化を教えてくれる固有動物の数々

南米大陸から西へ1000km。太平洋に浮かぶ絶海の孤島、ガラパゴス諸島。名前がついているだけでも123島あり、陸地面積の97%がエクアドル共和国の国立公園となっています。ここは、隔絶された環境のなかで、独自の進化を遂げた生き物が数多く生息し、“進化の博物館”とも呼ばれています。生物学者チャールズ・ダーウィンの『進化論』は、島の生き物たちを観察することで生まれたといわれています。

謎の赤い風船をぶら下げているグンカンドリ。
繁殖シーズンはこんな求愛シーンを見るチャンス！

まるで恐竜のようなウミイグアナ。
こんな顔だけど怖くないよ。

船内の
アトラクションも
楽しい
クルーズ船ツアー♪

思わず応援したくなるアオアシカツオドリの求愛ダンス

観光のメインは各島で出会う生き物たちです。アシカ、ウミイグアナ、リクイグアナ、アオアシカツオドリ、グンカンドリ、ペリカン、アカメカモメ、アオツラカツオドリ、アカアシカツオドリ、マネシツグミ、ヨウガントカゲなど、テレビでしか見たことのない動物たちが、そこかしこにいるのです。おっぱいを吸っているアシカの赤ちゃん、身を寄せ合って日光浴をするウミイグアナの群れ、ダンスで求愛表現をするアオアシカツオドリ……彼らにとっての“当たり前の１日”を間近で観察することができます。残念ながら触ることができませんが、どうやら彼らは人間を危険と思っていないようで、近寄っても逃げないのです。これはもう、動物ファン、特に爬虫類＆鳥類好きにはたまりません。レアな写真もいっぱい撮影できます。

サンタ・クルス島などのホテルに滞在しながら、スピードボートであちこちの島に日帰り観光もできますが、広い海域の島々を効率よく回るにはクルーズ船に乗って、３泊、４泊してアイランドホッピングするのがおすすめです。船内では世界中の人との交流も楽しめますし、毎日趣向を凝らしたアクティビティが企画されているので、退屈することがありません。

もっとも、昼間に出会う珍動物たちは、愛らしく興奮の連続！　飽きるどころか、時間が足りないくらいです。

No.061 Information

REPUBLICA DEL ECUADOR
nremC252943E17B04
MIGRACION-AMS-QUITO
Nll PASAPORTE: TG5023742
17 ABR 2012 20:40
SALIDA: 252943 PPCPZPFP2UC
T-3 Nll SELLO 1

国名	エクアドル
¥	48万～68万円
👣	6～9月
難易度	★★☆☆☆
誰と?	☑１人　☑カップル　☑ハネムーン ☑夫婦　☑友達と　☑親と □子連れで

PLAN

1 日目	東京発→キト着
2 日目	キト観光
3 日目	キト→ガラパゴスへ移動、船中泊
4-5 日目	ガラパゴス観光、船中泊 またはサンタ・クルス島泊
6-8 日目	ガラパゴス発→東京着

POINT

ガラパゴス諸島へは現地ガイドと一緒に上陸しなければならないので、必ずツアーに参加することになる。日帰りツアー、グルーズツアーなど各種あるので、見たい動物によって選ぶとよい。いずれも、水着、歩きやすく濡れてもいい靴、雨合羽などは必需品。

湖面に映る森や山並みは、言葉にならない美しさ。

062

エメラルドレイク カナダ

少量生産ながらも
高く評価される
地元産ワインも！

エメラルドグリーンの水をたたえる宝石のような湖

世界遺産、カナディアンロッキーの一部となっているヨーホー国立公園。ヨーホーとは先住民族の言葉で「素晴らしい！」を意味します。その名のとおり、この地に広がる大自然は、思わずそう叫びたくなるような迫力にあふれています。バンフ国立公園やジャスパー国立公園に比べると、サイズは小さいですが、観光地化されておらず粗削りな自然を満喫できるとあって、コアなファンが多い場所です。

見どころのひとつがエメラルドレイク。エメラルド氷河の堆積物（モレーン）が流れ込んでできた氷河湖で、太陽光線の加減で宝石のように美しいエメラルドグリーンに変化します。周りの針葉樹林が鏡のように湖面に映る様子も、た

暖炉の火を眺めながら
のんびり過ごしたい。

レイクビューの
ジャグジーで
セレブ気分。

カナディアンロッキーは高山植物の宝庫。
日本よりも低い標高でさまざまな花が見られる。

筋肉痛になろうとも、カヌーは価値あり！
ファミリーにも人気のアクティビティだ。

め息ものの美しさ。ほぼ平坦な湖畔は一周約5km。エメラルドピーク、ワプタマウンテンといった2000m級の山々に囲まれているので、とても静かで、ネイチャーウォークにはもってこいのコースです。途中、脇道に目をやると、多種多様な高山植物が咲いていて（5月〜8月）、華やいだ気分にさせてくれます。

アトラクションも豊富。カヌー、フィッシング、ピクニック、ハイキング、冬はクロスカントリースキー、スノーシューイングを楽しむことができます。なかでもイチ押しはカヌー。奥まで漕いでいくと、湖の色が徐々に変化し、違った表情を見ることができるのでおすすめです。

大自然のなかで遊んだあとは、静かなロッジでリラックス

湖畔にあるデラックスなホテルで疲れを癒やしましょう。「エメラルド・レイク・ロッジ」は24棟の山小屋風キャビンで、プライベート感満点。室内には暖炉とソファが置かれ、最高にくつろげる空間が演出されています。観光客が帰った静けさのなか、薪が燃えるパチパチという音を聞いていると、非日常の幸せな気分に浸れます。

見逃さないよう
ハイキング中は
足元にも注目！

夜は落ち着いた雰囲気のメインダイニングで、ローカルの食材をふんだんに使った料理をいただきます。味も洗練されているので、地元のワインとも相性抜群。ここではぜひゆっくりしたいものです。

No.062 Information

国名	カナダ
¥	18万〜33万円
（足跡）	5〜8月
難易度	★★☆☆☆
誰と？	□1人 ☑カップル □ハネムーン ☑夫婦 ☑友達と ☑親と ☑子連れで

PLAN

1日目	東京発→カルガリー着
2日目	カルガリー→エメラルドレイク泊
3日目	エメラルドレイク→バンフ泊
4-5日目	バンフ泊
6日目	バンフ→カルガリー発
7日目	東京着

POINT

夏休み時期は湖畔のロッジの予約がとりにくいので、かなり早くから押さえておこう。山登りほどの装備はいらないが、動きやすい服と靴は必需品。大自然に囲まれたカナダにはアウトドアショップがたくさんあるので、途中の町で買うのもあり。

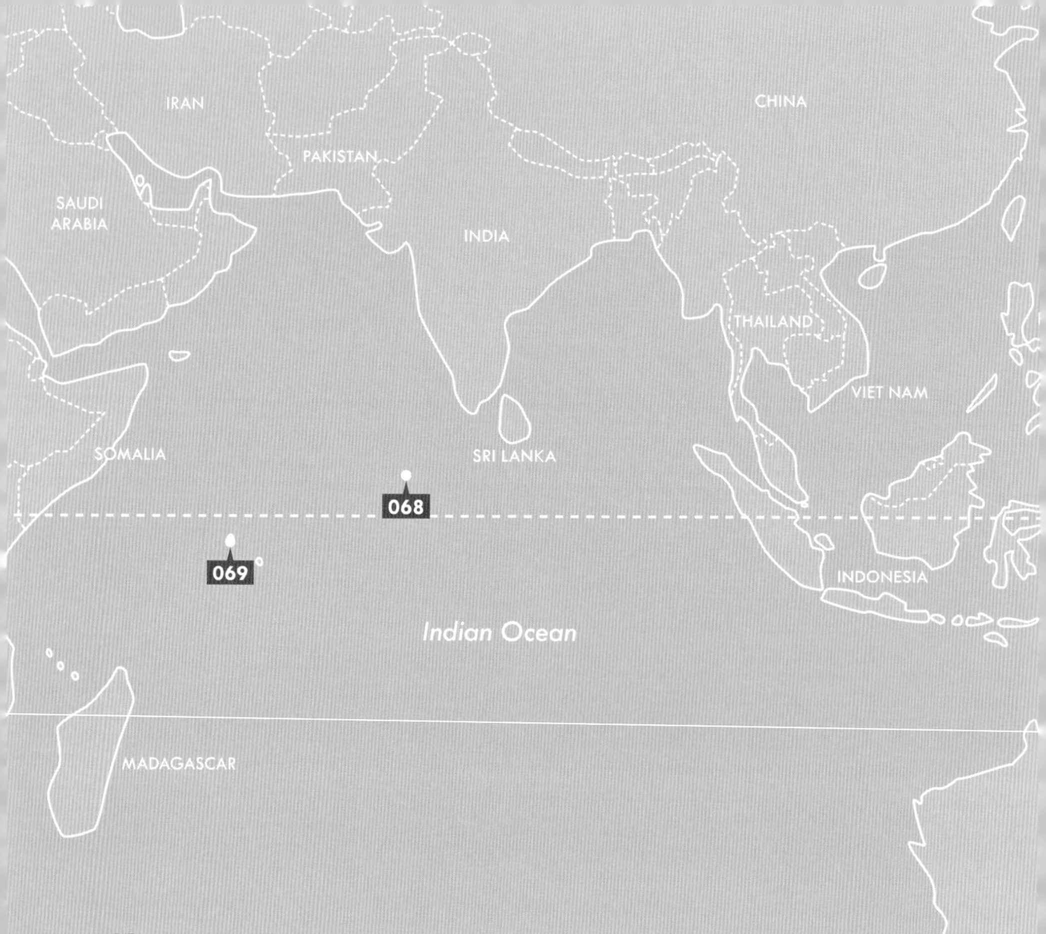

Chapter 4

Oceania, Indian Ocean, South Pacific

[オセアニア・インド洋・南太平洋]

ロマンティックな気分に浸る、南の楽園

まばゆいばかりの青い海、どこまでも続く白い砂、豊かな熱帯雨林、茶褐色の乾いた大地……この章では誰もが一度は訪れたい究極のリゾートや大自然をご紹介。各地はロマンティックなホテル、洗練されたスパ、美食家を唸らせるレストランなども多く、ジェットセッターやハネムーナーからも高い支持を得ています。疲れた体を癒やしたい人、地球の美しさを存分に味わい人は必見です。

063　ボラボラ島（タヒチ）……138
064　テカポ湖（ニュージーランド）……140
065　タンナ島（バヌアツ）……142
066　ゴロカ（パプアニューギニア）……144
067　エアーズロック（オーストラリア）……146

部屋にいながら自然を感じられる水上コテージ。

063

ボラボラ島 タヒチ

ゴーギャンも愛した豊かな緑と限りなく透明な海

日本から約1万kmも離れた南太平洋に浮かぶ美しき島々、タヒチ。フランス人画家ゴーギャンは、この地の豊かな自然と温かい人々、独特の文化に魅せられ数多くの作品を生み出しました。

そんなタヒチの代名詞といえるのがボラボラ島。島の周りをサンゴ礁がネックレスのようにとり巻く姿から、ポリネシアの真珠とも呼ばれています。中央にそびえるオテマヌ山とエメラルドグリーンのラグーンが織りなす造形美は、ポスターや観光写真などでもお馴染みでしょう。

水上バンガローから直接海へダイブ！

シュノーケリングも思う存分楽しめる。魚の数がハンパじゃない！

ピクニックランチではおいしいフルーツがいっぱい。
お馴染みのものから、ここでしか食べられないものも。

タヒチの明るいお兄さんがギターで歓迎。
ゴーギャンの絵のなかに、いたような、いないような……。

ラグーンの静けさと色彩の美しさは世界指折り

部屋のガラステーブルからも魚が見られるよ。

また、世界に数あるビーチリゾートのなかでも、ラグーンの穏やかさと、色彩の美しさはトップクラス。海底が起伏に富んでいるため、ペパーミントグリーン、ブルーグリーン、ネイビー……とさまざまな青を生み出すのです。空港からスピードボートでリゾートに近づくにつれ、色が微妙に変化する様子に胸が高鳴り、いよいよ至福のバカンスが始まります。

宿泊は、断然水上バンガローがおすすめです。島内には10以上の水上バンガローがありますが、特権は目の前に広がるラグーンと、部屋から直接ダイブして熱帯魚と遊べること。なかには床がガラス張りのバンガローもあり人気を呼んでいます。テラスで朝食を食べたり、デッキチェアでのんびり昼寝をしたり、水上スパでマッサージをしたり……とことんのんびりするのは、なにものにも替えがたい贅沢です。

もちろん、アクティビティも盛りだくさんなので、思い切り体を動かすのもいいでしょう。本格的なダイビング、サメやエイの餌づけスポットでのシュノーケリング、 モツ（小島）でのピクニック、海底散歩ができるアクアサファリなどなど……楽しい時間はつきません。

遊び疲れたら満天の星を眺めながら、シーフードに舌つづみ。笑顔が似合うタヒチアンの心のこもったおもてなしも、島の魅力のひとつです。

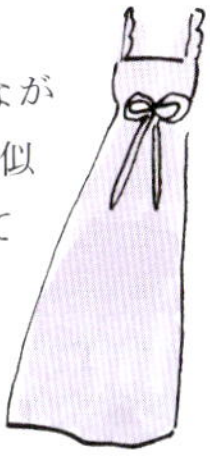

No.063 Information

国名　タヒチ
¥　30万～60万円
👣　5～10月
難易度　★☆☆☆☆
誰と？　☐1人　☑カップル　☑ハネムーン
☐夫婦　☑友達と　☐親と
☐子連れで

PLAN

1日目	東京発
2日目	パペーテ着→ボラボラ島泊
3-5日目	ボラボラ島観光
6日目	ボラボラ島→パペーテ泊
7日目	パペーテ発
8日目	東京着

POINT

紫外線が強いので日焼け止め、帽子、サングラスはマストアイテム。一部の高級リゾートレストランではドレスコードがあるが、基本的には南国風ファッションでOK。物価は日本より高め。お土産はタヒチ伝統の100％植物オイル「モノイオイル」が人気。

ニュージーランドでもっとも絵になる風景のひとつがここ。

064

テカポ湖　ニュージーランド

青白く輝くテカポ湖とかわいらしく佇む小さな教会

ミルキーブルーの湖水が美しいテカポ湖はニュージーランド南島の中央あたりに位置します。訪れた人の心を奪う、不思議なブルーの秘密。それは、湖水に氷河が動く際に岩石から削り出す、小麦粉のように細かい粒子「ロックフラワー」が溶け込んでいるから。光の当たり方で反射が変わるので、日によって、時間によって色が微妙に変化します。

ルピナスの花で彩られた湖畔、ちょこんと佇むのは「羊飼いの教会」。地元の芸術家エスター・ホープのデッサンに基づき、建築家 R.S.D. ハーマンが設計した教会は、ニュージーランドでもっとも写真に撮られているもののひとつといわれるほど、絵になる風景です。祭壇の向こうにある窓はテカポ湖とサザンアルプスがちょうどよい画角で収まり感動必至です。

「羊飼いの教会」で
結婚式なんて
素敵♪

湖のほとりに佇むシンボル。
教会のなかから望む湖面も風情がある。

テカポから車で１時間半。マオリ語でアオラキ、「雲の峰」という意味のマウントクックにも行ける。

星空鑑賞でロマンティックな一夜を。世界有数の星空の美しさは見逃せない！

世界有数のスターゲイジングスポットで星に願いを

テカポは晴天率が高く、空が澄んでいるので、世界的なスターゲイジングスポットとしても有名。世界最南端のマウントジョン天文台もあり、星空観賞ツアーが人気です。南十字星のほか南半球でしか見られない天体がいくつも確認できるので、天体ファンならずとも必見。流れ星も頻繁に見ることができますが、あっという間に通り過ぎてしまいます。お出かけの際は、温かい服装と、願いごとの準備をしていきましょう。

周囲にはリゾートホテルも点在します。「アルパイン・スプリングス＆スパ・ウィンター・パーク」には、なんと温泉施設があるので、旅程に余裕があれば２～３泊するのもよいかもしれません。もちろん、日本のそれとは異なり、水着で入浴（男女混浴）するタイプ。温度も36～40℃と低めに設定されているので、１日中のんびりできます。

レストランも選択肢は多くありませんが、それなりに充実しています。名物は「湖畔レストラン」でいただくサーモン丼。甘くてとろみのある良質なサーモンをたっぷり使っているので、食べ応えも十分。旅の記念にご賞味あれ。

賢そうなワンコは
開拓時代を
支えた牧羊犬。

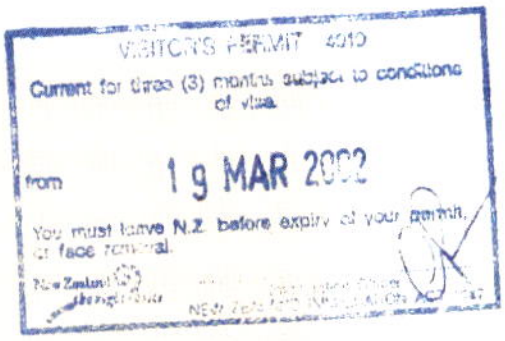

No.064 Information

国名	ニュージーランド
¥	17万～26万円
👣	12～3月
難易度	★☆☆☆☆
誰と？	☑１人　☑カップル　☑ハネムーン　☑夫婦　☑友達と　☑親と　☑子連れで

PLAN

１日目	東京発
２日目	クイーンズタウン着
３日目	ミルフォード日帰り観光
４日目	クイーンズタウン→テカポ泊
５日目	テカポ→クライストチャーチ泊
６日目	クライストチャーチ発→東京着

POINT

ニュージーランドはオゾンホールの影響でとにかく紫外線が強い。夏でも長袖、長ズボン、日焼け止めもなるべくSPFが高いものを持参しよう。星空観賞ツアーは満月でない日のほうが、星がきれいに見えるので、可能ならば日程を選びたい。

神秘的な青色は息をのむ美しさ。

火口付近にある「世界一危険なポスト」。

065

タンナ島　バヌアツ

青い海、真っ白な砂浜。南太平洋の未知なるパラダイス

南太平洋に位置するバヌアツ共和国。日本ではあまり馴染みがありませんが、実は未知なる魅力を秘めたリゾート地です。美しい自然に囲まれ、食べ物はすべてオーガニック。人々はやさしく、治安も良好。とにかく素朴でハッピーな国なのです。

83個の島々で成り立っており、首都ポートビラがあるのはエファテ島、観光のメインとなるのはタンナ島とサント島。タンナ島の目玉は世界で一番火口近くから噴火の様子を見ることができるヤスール火山。爆発音とともに真っ赤な熔岩が噴き上がってくる瞬間は迫力満点です。

リリー・ブルーホールへはカヌーを使って。

「近寄るとヤケドするぜ！」大迫力のヤスール火山。

「ラップラップ」はバヌアツのおふくろの味。
芋やバナナをすりつぶし、ココナッツミルクを混ぜてつくる。

純粋な笑顔の子どもたちがかわいい。
みんな人見知りをせずに集まってくる！

世界一幸せな原住民の生活にパワーをもらう

バヌアツ料理は
ヘルシーなので
お腹いっぱい
食べちゃおう！

原住民の生活を垣間見ることができるカスタムビレッジも見逃せません。ココヤシ、タロイモ、マンゴーなどが自生し、現在でもほぼ自給自足の生活が続けられています。男性は藁のナンバス、女性は腰みののみというでたち。電気もガスも通っていませんが、まったく不自由に思っている様子はありません。互いに助け合い、幸せそうに暮らす姿は、こちらまで笑顔になります。

一方、バヌアツのなかで一番大きい島がサント島。ここは6つのブルーホールが有名ですが、一番のおすすめはリリー・ブルーホールです。驚くほどに透き通った水のなかをカヌーで20分。目の前に突然、見たことのないブルーの水が現れます。あまりの美しさに一瞬、呆然としてしまいますが、ロープを使ってダイブするもよし、プカプカ浮くもよし、思い思いの方法で、水遊びに興じましょう。

南太平洋のなかで一番美しいといわれているシャンパンビーチも必訪。海水と湧き水が混じる地点がシャンパンのようにキラキラ輝く様子は、見ているだけでうっとり。人も少ないので、のんびり過ごすには最高のロケーションです。

あまり知られていませんが、エファテ島やサント島には洗練されたホテルもたくさんあります。ありきたりなリゾートではなく、素朴で手つかずの自然とたくさんの笑顔に満ちあふれた、おすすめのデスティネーションです。

No.065 Information

国名	バヌアツ
¥	30万～40万円
	6～9月
難易度	★★★☆☆
誰と？	☐1人 ☑カップル ☑ハネムーン ☑夫婦 ☑友達と ☐親と ☐子連れで

PLAN

1日目	東京発→ヌメア着
2-3日目	ヌメア→ポートビラ→サント島泊
4-5日目	サント島→ポートビラ→タンナ島泊
6日目	タンナ島でヤスール山観光
7日目	タンナ島→ポートビラ→ヌメア泊
8日目	ヌメア発→東京着

POINT

素材の味を生かした料理はどれもおいしい。有名なのはバヌアツビーフ。オーストラリアからわざわざ買いにくる人もいるとか。ホテルも洗練されているので、ハネムーンにもおすすめ。タンナ島での火山観光には防寒具、懐中電灯が必須。

066
ゴロカ　パプアニューギニア

赤道直下で出会う、風変わりな民族 "マッドマン"

泥で変身した
"亡霊"は、
どことなくユーモラス !?

　パプアニューギニアは多民族国家。800以上もの民族が暮らすといわれており、地域や村によって風習や文化が異なります。

　なかでももっともインパクトがあるのが、ゴロカ近郊の村、アサロ渓谷に暮らすマッドマン！その名のとおり、泥のお面と全身に泥を塗った男たちが、不気味に踊る"マッドマンダンス"が有名です。ダンスの由来は諸説ありますが、奪われた土地を取り戻すために、全身泥だらけで亡霊になりすまし、敵を怖がらせ退散させた、という説が有力のようです。ダンスといっても、亡霊なので音楽もなく、武器を振りかざしながら、ソロリソロリと歩くのが特徴。もっとも、泥のお面が10kg以上と重いため、俊敏に動きた

マッドマンと
一緒に
ハイ、ポーズ！

コレコレト村のモコモコ
ダンスもおもしろいよ。

くても、動けないのかもしれません。

マッドマンは国内で一番メジャーな民族なので、さぞかし観光客慣れしているかと思いきや、まったくそんなことありません。ダンスも汗だくで一生懸命踊ってくれるし、村人もみんな素朴で温かいのが印象的です。カメラを向けても嫌がらず、笑顔でポーズをとってくれます。

郷土料理の「ムームー」もぜひお試しください。地面に掘った穴に焼き石と、バナナの葉っぱに包んだ肉、魚、芋を投入し、蓋をして待つこと1～2時間。調味料は入れず、素材の味と、ふっくらホクホクの食感を楽しむ料理ですが、村人たちと一緒に食べればおいしさ倍増！　距離もぐっと縮まるはずです。

日本から直行便で行ける、手軽で本格的な秘境

パプアニューギニアというと、ものすごく遠い国に感じますが、首都ポートモレスビーまでは日本から直行便で6時間半の距離。赤道直下なので、ジャングルに覆われた山々、白砂のビーチ、野生動物や珍しい魚など熱帯地方ならではの魅力が凝縮しています。時差もたったの1時間。南米やアフリカよりも、ずっと手軽に行ける秘境なのです。

日本人観光客に興味津々の子どもたち。

どの国に行っても楽しいマーケットめぐり！
地元ならではのものを見つけてみよう！

郷土料理「ムームー」。
素材そのものの
おいしさを楽しめる！

No.066 Information

国名	パプアニューギニア
¥	28万～40万円
	6～11月
難易度	★★★☆☆
誰と？	☑1人　☑カップル　☐ハネムーン　☑夫婦　☑友達と　☐親と　☐子連れで

PLAN

1日目	東京発
2日目	ポートモレスビー着→ゴロカ泊
3日目	ゴロカ→ポートモレスビー→カヴィエン泊
4-5日目	カヴィエンにて シュノーケリングやダイビングなど
6日目	カヴィエン→ポートモレスビー発→東京着

POINT

フレンドリーで親切な人が多いですが、女性が夜ひとりで出歩くのは避けたほうがよい。首都ポートモレスビーは治安が悪いが、ゴロカは比較的いい。高原地帯はマラリア予防薬は不要。

赤い大地が見せる、大自然の偉大さ。

067
エアーズロック オーストラリア
灼熱の大地に現れる世界最大級の一枚岩

　エアーズロックはオーストラリアのほぼ中央に位置する、世界最大級の一枚岩です。オーストラリアの世界遺産のなかでも1、2を争う人気スポットで、一生に一度は訪れたい、と思っている人も多いでしょう。

　名前から想像して、なかは空気なの？　と思いきや、そうではありません。1873年、イギリスの探検家ウィリアム・ゴズがヨーロッパ人として確認した際、当時のサウス・オーストラリア植民地総監ヘンリー・エアーズにちなんでつけられました。先住民アボリジニの言語ではウルルと呼ばれ、今でも周囲一帯が聖地として崇められています。

　外周は9.4km。皇居の外周が約5kmなので、倍近くあることになります。高さも348mあるこ

頂上からの景色もいいけど、下りるときだって絶景だ！

アボリジニの言葉で「たくさんの頭」という意味の
カタ・ジュタ（マウントオルガ）。

とを考えると、とてつもなく大きな存在であることがわかります。

一瞬たりとも見逃せない。赤茶色の表面は日の当たり方で七変化

6億年前、エアーズロック（ウルル）のある地域は標高8000m級の山脈があったと考えられています。その後、幾度となく浸食や地殻変動を経て、現在の形に。実は、地表に出ているウルルは全体の5%で、残りは地下に隠れているそうです。印象的な赤茶色は、鉄分を多く含んだ砂岩で形成されているから。それが日の当たり方で七変化。特に、朝や夕刻は筆舌につくしがたい美しさです。

早起きしてウルルの登頂にチャレンジすることも可能です。ただし、天候や文化的理由（アボリジニの儀式など）により閉鎖していることも多く、行けば必ず登れるというわけではありません。しかも、往復2時間の行程は見た目以上にハード。もし、登る機会に恵まれたときは、アボリジニや自然への敬意を忘れずに、十分注意して登りたいものです。

それだけに、登り切ったときの爽快感は特別。360度の地平線や、奇岩群「カタ・ジュタ」なども望め、大地のパワーを感じずにはいられません。

登るときは
しっかり
準備してから！

山登りは大変で嫌！
という人には
ラクダに乗っての
ツアーがおすすめ。

No.067 Information

国名	オーストラリア
¥	12万〜25万円
	4〜5月、8〜10月
難易度	★☆☆☆☆
誰と？	☑1人　☑カップル　☑ハネムーン　☑夫婦　☑友達と　☑親と　☑子連れで

PLAN

1日目	東京発
2日目	エアーズロック着、サンセット観賞
3日目	サンライズ観賞、カタ・ジュタ観賞 天候次第でウルル登頂に挑戦
4日目	エアーズロック発
5日目	東京着

POINT

砂漠気候なので、紫外線と乾燥に要注意。夏は35℃以上の高温になるが、夜はさわやかで過ごしやすいです。寒暖差が激しいので、脱ぎ着のしやすい羽織りものが1枚あると便利。6月〜8月はハエが多くなるので、気になる人は、現地でハエよけネットを購入するとよい。

この空と海があれば、あとはなにもいらない。

068
モルディブ　モルディブ

眠るときも、くつろぐときも海を感じる1島1リゾート

　インド洋に浮かぶ26の環礁、そこに約1200もの島が存在するモルディブ。"島々の花輪"というロマンティックな別名のとおり、首飾りのように連なった島、碧い海、白砂のビーチ……思い描いていた楽園が迎えてくれることでしょう。

　大きな特徴は1島1リゾート。1周歩いても10〜30分程度の小さな島がほとんどで、食事もスパもマリンスポーツも、基本的に滞在している島で完結。それだけに、モルディブ旅行では島選びが重要となります。憧れの水上コテージは大多数の島にあるので、旅の目的に応じて選ぶとよいでしょう。

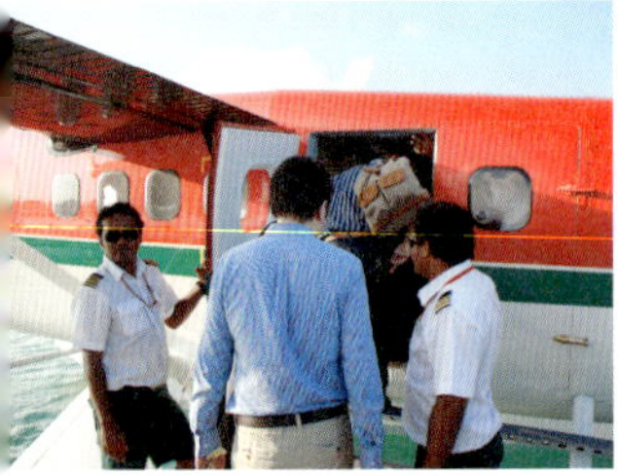

水上飛行機で空の旅もできる。

「目的をもたずに」という目的をもちましょう。

インフィニティプールが部屋についてる「コンスタンス・ハラベリリゾート」。

ちょっと海を覗いただけで、こんなに魚が！
まるで青いキャンバスで自由に泳ぐ生きた色彩。

非日常を味わうならスパと美食も揃った極上リゾートにステイ

シュノーケリングがしたいならハウスリーフが近い島、子どもの水遊びやウインドサーフィンを楽しみたいならラグーンに囲まれた遠浅の島、言葉に不安のある人は日本人スタッフが常駐する島……。そして働く女性が日常を忘れて、のんびり過ごしたいならラグジュアリーな施設のある島を選ぶとよいかもしれません。

イチ押しはモルディブ伝統の船「ドーニ」のようにカーブした形のアリ環礁の島にある５つ星のリゾート「コンスタンス・ハラベリリゾート」です。ヨーロッパの富裕層に支持されているコンスタンスだけに、ホスピタリティあふれるサービスを堪能することができます。客室は全室プールつき。100㎡あるゆったりした明るい水上コテージも人気ですが、木々に囲まれた２階建てのヴィラタイプもおすすめです。日本食にも力を入れている評判のレストラン、海を望む水上スパなど、どの施設も洗練されています。

国土の99％が海のモルディブではダイビングやシュノーケリングは必ずやっておきたいことのひとつ。その点でも、ハラベリは有数のダイビングスポットに囲まれているので各種オプショナルツアーも充実しています。

眠るときも、くつろぐときも海を感じる極上リゾートは、新婚旅行にもおすすめ。波の音に耳を傾けながら、美しい海を眺めるふたりに言葉は不要です。

日焼け防止に
便利なパレオ
お土産にもどうぞ。

No.068 Information

MALDIVES IMMIGRATION
A 281
27 MAR 2015
MALE' INTERNATIONAL AIRPORT

国名	モルディブ
¥	15万～60万円
👣	10～3月
難易度	★☆☆☆☆
誰と？	☐１人　☑カップル　☑ハネムーン ☑夫婦　☑友達と　☐親と ☑子連れで

PLAN

1日目	東京発→マーレ泊
2日目	マーレ→各リゾート島へ
3-6日目	各リゾート島にて ダイビングやシュノーケリングなど
7日目	各リゾート島→マーレ発
8日目	東京着

POINT

ベストシーズンは乾季の10月～3月。水上コテージは部屋数が少ないので、お目当てがある場合は早めのブッキングを。蚊取り線香、虫よけスプレー、パレオなどがあると便利。女性のひとり旅は、甘い誘惑にご注意を。

5つ星ホテルの
「コンスタンス・レムリア」。

穏やかで
静寂なリゾートが
魅力♪

プララン島にも素晴らしいリゾートがある。

069

セイシェル　セイシェル

インド洋の楽園で究極の自然派バカンスを！

アフリカ大陸から約1300㎞離れた、インド洋に浮かぶセイシェルは、115の島々からなる自然愛好家の楽園です。ケニアやタンザニアなどでサファリを楽しんだ帰りに、エキゾティックな島でリラックス……なんてちょっと贅沢なバカンスはいかがでしょう。

本島であるマヘ島にはたくさんの高級リゾートホテルが点在していますが、離島にも宝石のような島々があります。たとえばプララン島のセントマリー半島は、セイシェル屈指の絶景スポットです。ここにある5つ星のリゾート「コンスタンス・レムリア」は自然との調和が素晴らしいくつろぎの空間。大理石や石灰岩などをセンスよく用いた建物、海に溶け込むようなプールは誰もがうっとり、夢見心地に。

テレビもエアコンも
鍵もないロッジでエコ生活

それ以外に、ちょっと変わった島に行きたい人は、首都のあるマヘ島から飛行機で30分のところにあるバード島に行ってみましょう。ここは、名前からもわかるように、鳥たちのサンクチュアリ。時期によっては200万〜300万羽の鳥でにぎわいます。一般の住民はおらず、たった1軒ロッジがあるのみです。部屋数もたったの26。テレビやエアコンもありません。驚くことに鍵もなし！　外灯もないので、宿泊者の証明として渡された懐中電灯を頼りにレストランに向かうといったエコ生活です。宿泊客も少ないので、美しいビーチも独り占めです。シュノーケリングをするだけで、のんびり泳ぐウミガメに遭遇することも。運がよければ、ギネスに登録されている世界一長寿のゾウガメ、エスメラルダにも会えるかもしれません。

動物が苦手、旅先でもネットを見たい、繊細なレストランでグルメを堪能したい人には不向きかもしれませんが、自然のなかにいるだけで幸せ、という人にはどちらの島もうってつけではないでしょうか。

夜空に輝く星の美しさも世界屈指なので、ハネムーンにもおすすめです。

大きなゾウガメが
あなたのロッジで
お昼寝してるかも!?

鳴き声が特徴的なセグロアジサシの幼鳥（バード島にて）。

モフモフの鳥が
たまらない〜。

No.069 Information

国名	セイシェル
¥	12万〜40万円
	10〜11月、4〜5月
難易度	★☆☆☆☆
誰と？	☐1人　☑カップル　☑ハネムーン ☐夫婦　☑友達と　☐親と ☐子連れで

PLAN

1日目	東京発
2日目	マヘ島着
3-4日目	マヘ島→バード島泊
5-6日目	バード島→マヘ島泊
7日目	マヘ島発
8日目	東京着

POINT

10月〜11月、4月〜5月は渡り鳥がバード島で羽を休めるため、より多くの種類が見られる。常夏の島だが、冬季は羽織りものがあるとよい。レストランは男性ならポロシャツ、女性ならワンピース程度は準備したい。日差しが強いので日焼け止めは必需品。

Chapter 5

Middle East, East Mediterranean sea

[中近東・東地中海]

想像をはるかに超えるパノラマ

人類でもっとも古い歴史をもつ中東、そして地中海でも、たくさんの絶景を見ることができます。圧倒的な迫力の遺跡、壮大なスケールの砂漠、異国情緒たっぷりのイスラム都市などは、世界中どこにもない独特の空気感で旅人を迎えてくれるのです。歴史や冒険が好きなら、一度は足を運ぶべき。驚きと興奮の旅は、帰国後に土産話がつきません。それほど、奥深い魅力を秘めたエリアなのです。

072	サハラ砂漠（モロッコ）……162
073	イスファハン（イラン）……166
074	カッパドキア（トルコ）……168
075	イスタンブール（トルコ）……170
076	カシュ・メイサ島（トルコ・ギリシャ）……172
077	パムッカレ（トルコ）……174
078	メテオラ修道院（ギリシャ）……175
079	エルサレム（イスラエル）……176
080	アブシンベル（エジプト）……178
081	白砂漠（エジプト）……180
082	死海（ヨルダン）……181
083	シャウエン（モロッコ）……182

岩の芸術とも称される、
謎めく姿（ペトラ遺跡／
ヨルダン）

エルハズネを上から見るには、
ロバタクシーが便利だよ。

エルハズネまで続くシーク。迷路みたいでワクワクする。

070

ペトラ遺跡 ヨルダン

お宝探しのような冒険を味わえる謎の遺跡

謎が多い遺跡だけど、そんなこと気にならないくらい美しい。

ペトラ遺跡は首都アンマンから南へ190kmほど行った山岳地帯にあります。謎が多いことから、古代世界の8番目の不思議と称され、観光の最大の目玉となっています。

紀元前、ここはアラブ系遊牧民のナバテア王国の首都として、またエジプト半島とアラビア半島を結ぶ通商の中継地として繁栄しました。しかし、海路の発達により衰退。砂に埋もれた遺跡が再び発見されたのは19世紀に入ってからです。

遺跡見学はかなり歩きます。メインはなんといっても映画『インディ・ジョーンズ 最後の聖戦』の舞台にもなった「エルハズネ」です。シークと呼ばれる岩の割れ目を進むこと1.2km。道幅も狭く、崖の高さが100 mにおよぶところは圧迫感がありますが、同時にワクワク感も募ります。ようやく、抜け出すとエルハズネが登場！スケールといい、美しい彫刻といい、圧巻です。特に崖の上から見る全体像は必見。道なき道を登るのは苦労しますが、その価値は絶対にあります（有料のロバタクシーもあり）。

その後も探検隊になったつもりで歩を進めると、円形劇場、市街跡、王家の墓、など巨大遺跡が次から次へと発見できます。なんとダムや岩の水路の跡地まで。砂漠の奥地にこれだけの都市を築けたのは、安定した水の供給システムがあったからと考えられており、ナバテア人の高い水利技術に驚かされます。

ほのかな明かりに照らされた幻想的な夜の顔

アンマンからの日帰りツアーも数多く出ていますが、可能なら近くに宿泊し夜の遺跡「ペトラ・バイ・ナイト」（毎週月、水、金の夜）も見学したいところ。昼間歩いたシークがロウソクでライトアップ。そのやさしい明かりに導かれ、歩を進めると、およそ1800個のロウソクに照らされたエルハズネが目の前に現れます。息をのむほどの幻想的な光景は、間違いなくヨルダン旅行のハイライトとなることでしょう。

ペトラ遺跡に関する資料は数多くありますが、いくら知識を詰め込んでも、すべてを知りつくすことはできません。ペトラの真骨頂は、自分で歩き、目で見て、心で感じ、初めてわかるのです。

石段はちょっとつらいけど、行く価値あり！

山の上の修道院エドディル。約800段の石段を上った先のペトラ遺跡最奥に位置。

ここで写真を撮ってね、といわんばかりのラクダさん。

ロウソクでライトアップされた神秘的な夜も必見。

No.070 Information

国名　ヨルダン

¥　15万～35万円

10～4月

難易度　★★☆☆☆

誰と？　☑1人　☑カップル　□ハネムーン　□夫婦　☑友達と　□親と　□子連れで

PLAN

1日目　東京発

2日目　アンマン着→ペトラ泊

3日目　ペトラ遺跡のライトアップ観賞

4日目　ペトラ遺跡→ワディラム→アカバ泊

5日目　アカバ→死海観光→アンマン泊

6-7日目　アンマン→東京着

POINT

砂漠なので1日の寒暖差が激しい。夏の日中は50℃を超えることもあるので、見学する際は十分注意を。比較的過ごしやすいのが10月～4月。宿泊する人は遺跡の入り口にあるホテル「モーベンピックリゾートペトラ」がおすすめ。周りにレストランや土産物屋もあり便利。

白と青のマリアージュ。幻想的なまでに美しいイアの風景（サントリーニ島／ギリシャ）

071

サントリーニ島　ギリシャ

白い迷路、
絶壁の上に佇む
美しきパノラマ。

青いキャンバスに描かれた真っ白な家々

　一生の思い出になるようなリゾート地は、世界中どこにでもあるわけではありません。そのなかで、ギリシャのサントリーニ島は別格。澄んだ空と海、折り重なるように立つ白壁の家と青いドームの教会は完璧なまでのコントラストで、訪れる者の心をつかみます。

　エーゲ海に浮かぶこの島は、八丈島ほどの大きさで正式にはティラ島といいます。かつて爆発を起こした火山がつくりだしたカルデラ地形が特徴で、町は断崖絶壁に張りつくようにつくられています。

ここでのミッションはとにかくボーッとすること。
白壁のように頭も真っ白に。

ギリシャの
名物料理「ムサカ」。

エーゲ海に沈む
ロマンティックな夕日に愛を誓う

北部の港町、イアで見るエーゲ海に沈む夕日は、ロマンティックそのもの。ラグジュアリーホテルも多く、これぞ大人の休日といった雰囲気。ホテル「カナヴェス・イア」や「カティキエス」はその筆頭で、ハネムーン、フルムーン、自分へのご褒美……ちょっと贅沢なバカンスにぜひ選んでほしいホテルです。アンティーク家具やアーティスティックな装飾がほどこされた白が基調のインテリアは女性なら誰しも気に入るはず。窓から紺碧の海もクルーズ船も一望できます。午後の柔らかい日差しのなか、テラスでワインを飲む幸せ。なにをしようかと考えるのさえもったいなく思え、ウトウトと午睡……。そんなゆとりのバカンスもたまにはいいものです。もちろん、プールで泳いだり、プライベートヨットでエーゲ海クルーズに出かけたり、アクティブに過ごしたい人にもイチ押しです。

夜、レストランのオープン席で舌を満たすのは、豊富な魚介類と太陽の恵みを享受した野菜たち。挽肉、ナス、ジャガイモを重ねた「ムサカ」や、レモンがきいた豆のスープ「ファーバ」はシンプルながらも滋味深く絶品。ホテルへの帰り道、日焼けで火照った肌を潮風がそっと癒やすとき、再訪を誓わずにはいられないでしょう。

船上からの眺めも格別～。

息をのむサンセット。

フィラのカフェで
ひと休み～♪

究極にロマンティックな教会。

No.071 Information

国名	ギリシャ
¥	10万～40万円
	4～10月
難易度	★☆☆☆☆
誰と?	□1人　☑カップル　☑ハネムーン □夫婦　☑友達と　□親と □子連れで

PLAN

1-2日目　東京発→ミコノス島着
3日目　ミコノス島泊
4日目　ミコノス島→サントリーニ島泊
5日目　サントリーニ島観光
6日目　サントリーニ→アテネ泊
7-8日目　アテネ発→東京着

POINT

雑貨や陶器などのショッピングも楽しいサントリーニ島。ただし、リゾート地なので物価は高め。エーゲ海は陽光、というイメージだが、冬は寒く天気も曇りがち。おすすめは断然夏！　そして春と秋もOK。ピーク時は島行きの国内便もホテルは予約しにくいので、計画はお早めに。

永遠に続いていくかのような一面に広がる砂漠（サハラ砂漠／モロッコ）

朝日を浴びた砂漠はこんなにきれいな色に。

072

サハラ砂漠　モロッコ

アプリコットのような赤砂がつくるドラマティック風景

ヨーロッパ、アフリカ、そしてアラブをつなぐ交易の地として、歴史的に重要な役割を果たしてきたモロッコ。そのなかで一番魅力的なのがサハラ砂漠です。

近郊の町、エルフードに泊まり、早朝にサハラ砂漠のメルズーカへ向け出発。そこで日の出を見るのが一般的な観光コースですが、せっかくなら砂漠のど真ん中でキャンプはいかがでしょう。

野趣あふれる砂漠のキャンプは貴重な体験。

ベルベル人がいろいろお世話をしてくれます。

羊肉のタジン。野菜たっぷりでヘルシー！

ラクダに乗ってキャンプへGO！
360度大砂丘に囲まれて一夜を過ごそう。

砂漠のど真ん中で日の出を独り占め。
きっと一生忘れない。

ラクダに乗って砂漠のど真ん中へキャンプに行こう

キャンプ地へは、メルズーカからベルベル人（北アフリカの先住民）が引くラクダに乗って行きます。道のりは約1時間半。ラクダに乗るなんてめったにできない体験ですが、背中から眺める見渡す限りの砂の世界は圧巻。砂以外のものはいっさい見えません。しかも、人が足を踏み入れない砂漠の奥地とあって、赤い砂はサラサラ。砂丘の高低差が立体的な美しい景色をつくり出しています。風に吹かれ、砂の色や姿が見るたびに変わり、大自然の偉大さに気づかされるはずです。

夕食はベルベル人が丹精込めてつくってくれる羊肉のタジン。テントのなかにはもちろん電気はなく、ロウソクを灯しての食事です。テントの外は、360度明かりのない世界。満天の星が広がっています。空気が澄んでいるので、月と星の光は思いのほか明るく、夜の砂漠が予想外に明るいことに驚かされます。さらに、一夜を過ごして見る朝日を浴びた砂漠の光景は、ロマンティックのひとこと。

シャワーもトイレもないワイルドなキャンプの旅ですが、そうした不便さを差し引いても感動的で貴重な体験となるはず。きっと一生の思い出になるでしょう。

デラックステントはベッドがあり快適。

砂漠に泊まりたいけどキャンプには自信がないという人は、メルズーカのオーベルジュに滞在するプランもあります。すぐ裏手が大砂丘なので、砂漠の雰囲気を存分に味わうことができます。

子どもたちが売りにくる手づくりのお土産。

No.072 Information

国名	モロッコ
¥	12万～38万円
👣	3～11月
難易度	★★★☆☆
誰と？	☑1人　☑カップル　☑ハネムーン　□夫婦　☑友達と　□親と　□子連れで

PLAN

1-2日目	東京発→カサブランカ着→マラケシュ泊
3日目	マラケシュ→アイト・ベン・ハッドゥ泊
4日目	アイト・ベン・ハッドゥ→メルズーカ泊
5日目	サハラ砂漠泊
6-7日目	フェズ泊
8-9日目	フェズ発→東京着

POINT

砂よけのスカーフ、マスク、トイレットペーパー、ウエットティッシュは必需品。冬は寒さ対策、夏は暑さ対策をしっかりと。治安もよく、女性のひとり参加も特に問題はない。

お花模様のタイルが
かわいらしい
マスジェデエマーム。

ワンパターンでは
ないので
お気に入りの柄を
見つけよう。

壁という壁を埋めつくしている青のタイル。

町を歩くと
なぜかよく見る、
この手のマネキン。

073

イスファハン イラン

世界遺産エマーム広場でペルシア文化の粋を満喫

　イラン高原最大の川、ザーヤンデ川の中流に位置するイスファハン。「イランの真珠」とも例えられる美しい古都です。

　その栄華の始まりは400年以上前にさかのぼります。シルクロード貿易の要衝として重要な位置にあったイスファハンに、1597年、サファヴィー朝の王アッバース大帝（1世）が遷都を行いました。大帝は自らの基本設計のもとに都市計画を推進し、政治、宗教、経済、文化などを集中した王都を構

彩色タイルを用いた繊細なモザイクが美しい
シェイフロトフォッラーモスク。

築。エマーム広場を中心に宮殿や寺院、バーザール、橋など今でも残る壮大な町並みができあがったのです。絹の輸出を中心に経済は発展し、細密画、タイル美術、陶器などペルシア芸術が開花。その栄華は「世界の半分がある」といわれるほど富と人が集まりました。

ここで絶対見逃せないのが、世界遺産のエマーム広場。南北512 m、東西159 mの長方形の広場は、ロマンティックで美しく、1日中いても飽きることがありません。広場の四辺にはそれぞれモニュメンタルな建築物が配置されていますが、なかでもイスラム建築を代表する傑作として名高いマスジェデエマーム（南辺）、タイルのアラベスクが格別に美しいシェイフロトフォッラーモスク（東辺）は必見です。

水タバコは普通のタバコよりもマイルドな味。

歩き疲れたらチャイハネで水タバコをくゆらせひと休み

北にある大バザール（市場）は、イラン人の日常が垣間見られる雑多な路地が広がっています。美しい手仕事の工芸品を売る店、食材店、雑貨屋などあらゆる店が集まり、散策はワクワクの連続。有名な水タバコが体験できるチャイハネ（カフェ）にはぜひ行ってみましょう。

イランは親日家が多いことも特徴。日本人を見ると、カタコトの日本語で話しかけてくる人も少なくないので、一期一会を楽しむのもいいかもしれません。

エマーム広場のほかにも33のアーチをもつ壮大なシー・オ・セ橋など、時間があればあるだけ楽しめる町、イスファハン。できれば3日くらい滞在して満喫したいものです。

ヴァーンク教会の内装。

No.073 Information

国名	イラン
¥	16万～40万円
	4～10月
難易度	★★☆☆☆
誰と?	☑1人　☑カップル　□ハネムーン　☑夫婦　☑友達と　□親と　☑子連れで

PLAN

1日目	東京発→シラーズ着
2日目	シラーズ泊
3日目	シラーズ→ヤズド泊
4-5日目	ヤズド→イスファハン泊
6日目	イスファハン→テヘラン泊
7-8日目	テヘラン発→東京着

POINT

イランはイスラムの戒律が大変厳しい国のひとつ。酒類の持ち込みや飲酒は固く禁じられている。また女性は観光客であっても頭髪を含む肌の露出を禁止されているので、長袖、長ズボン、スカーフ、ストールなどは必須。

奇岩の景観は夕暮れどきがもっとも美しい。

せっかく来たなら、
やっぱり
バルーンツアー！

なんと、
蛇口からワインが！
飲み過ぎに
ご注意を。

074

カッパドキア トルコ

想像をはるかに超えた自然の驚異！　奇妙な岩の異次元空間

類まれな自然の驚異が繰り広げられるカッパドキアは、標高 1000m を超えるアナトリア高原中央部に広がる岩石地帯です。東にそびえるエルジエス山が噴火を繰り返し、溶岩と火山灰の地層が交互に堆積。硬い溶岩の地層に比べ、火山灰の地層は浸食が早いため、“妖精の煙突”と呼ばれる奇岩群を形成したのです。奇岩はさまざまな格好をしており、円錐形、尖頭形、キノコ形、帽子をかぶっているように見えるものまであります。

天気がよければバルーンツアーに参加してこれらの奇岩を空から眺めるのもおすすめです。数百基ものバルーンが風に乗って同じ方向へ向かっていく様子はガイドブックなどでお馴染みで

見渡す限り奇岩群がニョキニョキ。
決して日本では見られない不思議な光景。

どこかのお菓子に似ている「キノコ岩」。これらの岩に妖精が住んでいるという言い伝えがあり「妖精の煙突」とも呼ばれる。

しょう。眼下には果てしなく続くうねる大地、芸術性に満ちた教会、不思議な奇岩……魅力的な風景が次から次へと展開していくので、1時間の旅はあっという間です。

人間業とは思えない ミステリアスな巨大地下都市

空を満喫したら、お次は地下へ。3世紀半ば、ローマ帝国の弾圧を逃れたキリスト教修道士たちはカッパドキアに移り住み、軟らかい岩をくりぬいて巨大地下都市をつくりました。なかでも最大なのが「デリンクユ」。地下8階、深さ65mにおよぶ巨大なものです。内部には通気口、井戸、ワイン製造所、食堂、居間、寝室、教会などが見られます。

重機がない時代に、いかにしてこのような穴を掘ったかは謎。また、敵から身を守るためとはいえ、太陽も届かない狭い空間に数千人が暮らしていたことも驚きです。現在発見されているものはほんの一部で、まだ多数の地下都市が存在するといわれています。

洞窟のムードが満点のホテル、
ユナック・エヴレリは女性に人気。

ミステリアスなカッパドキアを心ゆくまで堪能するには、最低2～3泊必要です。奇岩に掘られた住居を客室にした洞窟ホテルは静かで快適。蛇口をひねるとワインが出て、無料で飲み放題サービスをしているところもあるので、ワイン好きは要チェックです。

No.074 Information

国名	トルコ
¥	15万～40万円
	4～10月
難易度	★☆☆☆☆
誰と?	☑1人 ☑カップル ☑ハネムーン ☑夫婦 ☑友達と ☑親と ☑子連れで

PLAN

1日目	東京発→イスタンブール着
2日目	イスタンブール泊
3日目	イスタンブール→パムッカレ泊
4-5日目	パムッカレ→カッパドキア泊
6日目	カッパドキア→イスタンブール泊
7-8日目	イスタンブール発→東京着

POINT

観光シーズンは4月～10月。なかでも5月と9月が過ごしやすい。冬場は積雪があり、かなり寒いが雪をまとった奇岩の風景もなかなかのもの。早朝のバルーンツアーは夏場でも肌寒いので羽織るものをお忘れなく。その他、滑りにくく、履き慣れた靴も必須。

かつての皇帝の権威と帝国の繁栄を感じられる佇まい。

075

イスタンブール　トルコ

世界中ここだけにしかないブルーモスクの魅力を存分に

イスタンブールは、アジアとヨーロッパの2大陸にまたがる都市。その中心を貫くボスポラス海峡は、黒海、アルマラ海、そして金角湾を結んでいます。かつてローマ帝国、ビサンチン帝国、オスマン帝国という3代続いた大帝国の首都であったことは、今もイスタンブールの誇りです。

その象徴ともいえるのが、優雅な6つの尖塔をもつスルタンアフメット・モスク。1609～1616年に建築家メフメットによって建てられたこのモスクは、内部の壁が美しい青と白のイズニックタイルで飾られていることから、“ブルーモスク”という名で知られています。イスラム教のモスクは4本までしか尖塔を立てられないことになっていますが、建築を指示したスルタン

かわいい
トルコ雑貨に
財布のヒモが
ゆるんじゃう!

左／ウスキュダルの埠頭での～んびり。

ブルーモスクの天井。
白と青のタイルが美しい。

グランドバザールで、いざ、宝探し！
アンティーク好きなら何時間でもいたくなる。

アフメット１世が「アルトゥン（黄金）の塔をつくれ」と言ったのを「アルトゥ（6）」と勘違いしたことから、このような形になったとか。よって、世界中にあるモスクで尖塔が６本あるのはここだけ。非常にレアです。ドーム内の天井や壁にいくつもはめられているステンドグラスも見事！現役のモスクなので、1日5回のお祈りの時間には、熱心なイスラム教徒を見ることができます。

トルコ雑貨の宝庫
グランドバザールで大興奮

その他、目がくらむような宝石を所蔵するトプカプ宮殿、ビザンチン建築の最高傑作アヤソフィアも必見ですが、忘れてはならないのが屋根つき市場（グランドバザール）です。ショッピングのためでなく、観光目的で訪れる人も少なくないくらい、魅惑的なスポットです。細い路地が複雑に入り組んだ迷路のような敷地には、なんと4000軒以上の店が。絨毯、陶磁器、銀製品、真鍮製品、アクセサリー、衣類、水タバコ……はたまた上質な皮革製品も比較的安価で手に入れることができます。バザールの中心、オールド・ベデステンはアンティークの宝庫。ひょっとすると、とんでもないお宝が眠っているかも!?

No.075 Information

国名	トルコ
¥	6万～20万円
👣	4～10月
難易度	★☆☆☆☆
誰と?	☑1人　☑カップル　□ハネムーン □夫婦　☑友達と　□親と □子連れで

PLAN

1日目	東京発→イスタンブール着
2-3日目	イスタンブール泊
4日目	イスタンブール発
5日目	東京着

POINT

ベストシーズンは春から秋。女性はモスクに入るとき、頭をカバーする必要があるのでスカーフを携帯しておこう。また足が隠れるロングスカートかパンツを着用のこと（無料貸し出しもあり）。治安はよいが、人の多いところではスリなどに注意。

地中海の
おいしい海の幸を
めし上がれ。

こんなにきれいなグラデーション、これがトルコとは驚き（カプタシュビーチ）。

青の世界で
泳ぐ……
気分は人魚♥

076

カシュ・メイサ島　トルコ・ギリシャ

静かで素朴で居心地のいい、地中海の小さなリゾート

近ごろ人気が高まりつつあるトルコの地中海沿岸エリア。そこにある小さな港町カシュは、静かでどこか素朴で居心地のいい、小ぢんまりとしたリゾート地です。

海に面してたくさんの洗練されたレストラン、洒落たリゾートウェアを売るブティック、お土産物屋などが立ち並び、リゾート気分も上々。シーフードはもちろんのこと、野菜やフルーツも新鮮でおいしいとトルコ人も口を揃えるほどで、海を眺めながら長期滞在したくなる場所です。町から30分ほどのところにあるカプタシュビーチは、岩山に囲まれた入り江のカーブが美しい白

スルタニエ温泉で泥風呂体験。
この不思議な感触がやみつきに！

カシュから船でメイサ島（ギリシャ）へ。
パスポートがいるよ。

砂のビーチ。エメラルドグリーンの海に白い波が打ち寄せています。ビーチを一望できるスポットは、週末にはカップルや家族連れで大にぎわいとなります。

また、カシュから1時間ほど足をのばすと、古代リキヤ（古代ローマより古い！）の円形劇場が残るクサントス遺跡、古代リキヤの聖地だったレトゥーン遺跡といった世界遺産を見学できます。リキヤは世界で初めて共和制を採用した都市として知られています。

エメラルドよりも美しい青の洞窟で泳いじゃおう！

そして、カシュを訪れたら絶対行きたいのが、メイサ島にある青の洞窟です。カシュから船で20分ほどの近さですが、メイサ島はギリシャなのでパスポートが必要になります。

入り江に面した家並みや教会が淡いパステルカラーでかわいらしいメイサ島。港に着いたらさらに小さなボートに乗り換えて20分、いよいよ青の洞窟の入り口に到着です。ボートに身を伏せて洞窟のなかに入って行くと……そこは言葉も出ないほど美しい青の世界。その青さは宝石のサファイアのごとく人を虜にするかもしれません。そしてとっておきなのが、洞窟のなかで泳げること！　世界各地に青の洞窟がありますが、ほとんどが遊泳禁止なのです。船頭さんに頼んで青の世界に浸りましょう。もちろん、水着は必携です。

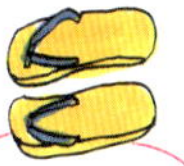

カシュには
高級リゾートも
あるよ。

ホテル「ルッカエグゼクティブ」のプール。

No.076 Information

国名	トルコ・ギリシャ
¥	15万～40万円
	4～9月
難易度	★★☆☆☆
誰と？	☐１人　☑カップル　☑ハネムーン　☑夫婦　☑友達と　☐親と　☐子連れで

PLAN

1-2日目	東京発→イスタンブール着→カッパドキア泊
3日目	カッパドキア→パムッカレ泊
4-5日目	パムッカレ→カシュ泊 カシュからメイサ島へ
6日目	カシュ→イスタンブール泊
7-8日目	イスタンブール発→東京着

POINT

カシュはビーチのほか町歩きもするなら２泊はしたい。メイサ島へは船で20分程度だが、ギリシャなので移動の際はパスポートを忘れずに。観光客がまだ多くないので、青の洞窟を独り占めしたい人はお早めに。洞窟内で泳げるかどうかはケースバイケース。船頭さんにお願いして浮き輪を貸してもらおう。

077

パムッカレ トルコ

サクサクした
砂糖菓子のよう。
本当は
石灰だけど。

自然の造形美と温泉文化が融合

純白の棚田は、かつて綿の産地だったことからパムッカレ（綿の城）と呼ばれています。石灰質を含む温泉水が、長い年月をかけ山を浸食したため、このような景観に。昼間は空を反射して青白く輝き、夕方は茜色に染まる絶景スポットは、一部、観光客に開放されているので、棚田を眺めながら足湯体験が可能です。石灰棚の一番上にあるのが、パムッカレとの複合世界遺産、ヒエラポリス遺跡。温泉保養地として栄えたローマ時代の円形劇場や大浴場などの跡が見られます。石柱遺跡が沈んだ巨大プール“パムッカレ温泉”に浸かり、いにしえの人々に思いを馳せるのも一興。遺跡×温泉の不思議なコラボは、実に貴重な体験となるでしょう。

左／いい湯だな♪　でも、温度は高くないので冬はちょっと寒いかも……。
右／パムッカレはザクロが有名。ジュースもおいしいよ。

No.077 Information

国名	トルコ
¥	15万～40万円
👣	4～10月
難易度	★☆☆☆☆
誰と？	☑1人　☑カップル　☑ハネムーン　☑夫婦　☑友達と　☑親と　☑子連れで

PLAN

1日目	東京発→イスタンブール泊
2日目	イスタンブール泊
3日目	イスタンブール→パムッカレ泊
4-5日目	パムッカレ泊
6日目	パムッカレ→イスタンブール泊
7-8日目	イスタンブール発→東京着

POINT

カッパドキアなどと一緒に周遊するのが一般的。宿泊はパムッカレのホテルは温泉つきも多いので、温泉好きは厳選しよう。パムッカレ温泉は水着着用で入る。泳ぐこともできる。

俗世から切り離されたような奇岩群に立つ。

078

メテオラ修道院　ギリシャ

天空の聖地として崇められる貴重な修道院

　メテオラはギリシャ語で「宙に浮く」という意味。その名のとおり、岩の上にある修道院はまるで空に浮かんでいるかのよう。麓から見上げると、なぜこんな辺鄙な場所の、こんなに険しい奇岩にいくつも修道院を建てたのか、不思議に思わずにはいられません。高さは最高で600m。スカイツリー並みの高さに加え、四方は断崖絶壁で周囲から完璧に隔絶されています。14～16世紀の最盛期には60以上の修道院が建てられましたが、今も修道士が共同生活をしているのは6つ。いずれも拝観可能です。長い年月のなかで橋や階段が整備されてきましたが、かつては縄バシゴや滑車を使って命がけで上り下りしていたというから驚きです。

左／ギリシャに行くなら、メテオラはぜひ訪れたい。
右／窓の外は断崖絶壁。高所恐怖症の人は生活できないね。

No.078 Information

国名　ギリシャ

¥　11万～30万円

5～6月、9～10月

難易度　★★★☆☆

誰と？　☑1人　☑カップル　☐ハネムーン　☑夫婦　☑友達と　☑親と　☐子連れで

PLAN

1日目　東京発
2日目　アテネ着
3日目　アテネ→デルフィ観光→カランバカ泊
4日目　カランバカ→メテオラ観光→アテネ泊
5-6日目　エーゲ海クルーズなど、アテネ泊
7-8日目　アテネ発→東京着

POINT

階段を上るのでスニーカーがよい。修道院内は肌を露出した服は厳禁。女性はズボンでは入れないが、ストールの無料貸し出しがある。アテネから電車で4時間くらいだが、本数が少ないうえに頻繁に遅延するので、拠点となるカランバカに泊まるのが無難。デルフィ遺跡も入った1泊2日のバスツアーが便利。

信仰の荘厳さ、静かな熱狂が同居する都市。

079

エルサレム　イスラエル

3大宗教の歴史が積み重なる、見どころ無限の聖地

ユダヤ教、キリスト教、イスラム教。エルサレムは世界的な3つの宗教が渾然一体となって存在し、世界で35億人が聖地とたたえる町です。3つの宗教の信者が集まる旧市街は、まさに世界の縮図であるとともに、類まれな歴史的都市でもあります。世界遺産に登録されている旧市街地はわずか1㎞四方で、周りは城壁に囲まれています。きれいに整備された町中には、宗教的な重要スポットが目白押し。無限大の見どころをもっています。約3万人の居住者、さらには敬虔なユダヤ教信者を筆頭に世界中から集まった巡礼者で、通りはいつもにぎわっています。

小高いオリーブ山に登り、石灰岩でできた建物が織りなすクリーム色の旧市街地を見渡すと、

左／キリスト教の聖地「聖墳墓教会」。キリストの墓に額をこすりつけて涙を流す信者も。右／キリストの生まれた場所、生誕教会（ベツレヘム）へも足をのばしたい。

中は入ることができないので、外から美しい建築を堪能しよう。モザイクタイルが美しい「岩のドーム」。

物価はやや高いが、かわいい雑貨もいっぱい！

真っ先に金色に輝くドーム屋根のモスクが目に入るでしょう。それは「岩のドーム」と呼ばれる、イスラム教の聖地です。近くで見ると外壁がカラフルな大理石の幾何学模様で装飾され、とても美しい。ドーム部分は現存するイスラム建築としては最古のものです。

壁の前で祈りを捧げる敬虔なユダヤ教信者

そのすぐ近くにあるのが、ユダヤ教の聖地「嘆きの壁」。黒装束でシルクハットをかぶった敬虔なユダヤ教徒が、入れ代わり立ち代わり、壁の前で祈りを捧げています。目をつぶり壁に頭をつける人、椅子に座って旧約聖書を読む人、とスタイルはさまざまですが、一様に真剣です。また、キリスト教の聖地である「聖墳墓教会」では、キリストの墓に額をこすりつけて号泣する信者の姿もあり、カルチャーショックを受けるかもしれません。

ほかにも、キリストが有罪判決を受けたあと、十字架を背負って歩いた「ビアドロローサ」、世界最古の聖書とされる死海写本がある博物館など、歴史ファンなら何日滞在しても足りないほどの観光スポットが点在しています。

東西の文化が行き交う土地柄、西洋料理とアラブ料理の両方が楽しめるので、食事に困ることもないでしょう。計画を綿密に練って、宗教の聖地を十分に堪能しましょう。

正統派のユダヤ人。
長〜いひげと、
もみあげが象徴的。

No.079 Information

国名	イスラエル
¥	24万〜40万円
👣	5〜10月
難易度	★★☆☆☆
誰と？	☑1人　☑カップル　□ハネムーン　☑夫婦　☑友達と　☑親と　□子連れで

PLAN

1日目	東京発→テルアビブ着→エルサレム泊
2日目	エルサレム→死海泊
3日目	死海→エルサレム泊
4日目	ベツレヘム観光など、エルサレム泊
5日目	エルサレム→テルアビブ発
6日目	東京着

POINT

パスポートにイスラエルの出入国スタンプが押してあると宗教上の対立からアラブ諸国に入国できない。スタンプは、「ノースタンプ」といって別の紙に押してしてもらおう。標高が少し高いので冬は冷え込む。防寒着をもっていこう。

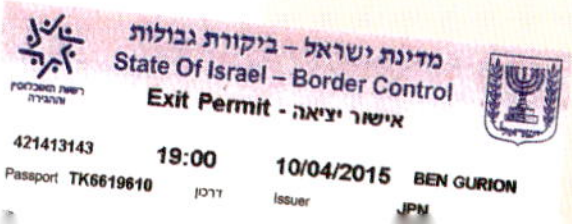
מדינת ישראל – ביקורת גבולות
State Of Israel – Border Control
Exit Permit - אישור יציאה
421413143　19:00　10/04/2015　BEN GURION
Passport TK6619610　דרכון　Issuer　JPN

ファラオが残した知と権力の結晶。

080

アブシンベル　エジプト

世界遺産創設のきっかけとなった古代エジプトの大神殿

壁画の保存状態もバッチリ!

エジプトの最南端、スーダンとの国境に近い、ヌビアの地に忽然と現れるアブシンベル神殿。今から3300年ほど前、古代エジプト新王国時代、第19王朝のラムセス2世が残した最大規模の神殿です。

アブシンベル神殿は、アスワンハイダム建築時に水没の運命にさらされましたが、ユネスコが国際キャンペーンを行って救済。1960年代に工事が行われ、元の位置より約60m上にそっくり移動されました。この大規模な工事が、ユネスコが世界遺産を創設するきっかけとなったといわれています。

ラムセス2世は古代エジプト最強の建築王として知られています。カルナック神殿やルクソール神殿にも自分の像を残していることからもわ

かるように、自己顕示欲が強かったことが想像できます。

大小ふたつの神殿は岩をくりぬいた岩窟神殿。大神殿の4体の巨像は、青年期から壮年期までのラムセス2世のもの（左から若い順）。その高さ20ｍ！　像の前に立つと、ナイルの果てにこれほどの巨大建築物を造らせた王の強大な権力に驚かされます。左から2番目の像は、紀元前1249年の大地震で半分崩れてしまいました。王の前にはその家族、王の上には日の出を喜ぶ22体のヒヒ像があります。壁面に描かれているのは聖なる船の前で儀式を行う場面や戦いのシーンなど。太古の世界が垣間見られるひとときは、歴史ロマン好きにはたまりません。

3000年も経った今なお、妻への愛が形となっている小神殿

大神殿から100ｍ離れたところには小神殿があります。6体ある像のうち、4体は王、2体は最愛の妻、王妃ネフェルタリです。脇には王子と王妃が配されています。

夜には音と光による幻想的なショーが行われ、多くの人でにぎわいますが、観光客の少ない夜明けの時間帯もおすすめです。巨大なラムセス2世像は朝日によって輝きを増し、独特なオーラを放ちます。

徒歩圏内には
プールのある
リゾートホテルも。

アブシンベルに1泊すれば、
朝も夜も神殿を満喫できる。

王様に挟まれた王妃の像。
これほどビッグなプレゼントはない。

歴女《れきじょ》には
たまらない！

No.080 Information

国名	エジプト
¥	20万～30万円
	12～3月
難易度	★★☆☆☆
誰と？	☑1人　☑カップル　☐ハネムーン　☑夫婦　☑友達と　☑親と　☐子連れで

PLAN

1-2日目	東京発→ルクソール着
3日目	ルクソール→アブシンベル泊
4日目	アブシンベル→ファルーカ→アスワンから寝台列車泊
5-6日目	カイロ泊
7-8日目	カイロ発→東京着

POINT

遺跡観光は屋外にいることが多いので、帽子はマスト。ちり、ホコリも多いのでスカーフやマスクなどもあるとよい。また足場もよくないので滑らない履き慣れた靴を。夜間は思いがけず冷えることもあるので、夏でも長袖の上着を1枚もっていこう。

世にも不思議な岩々。雪ではありません。

081

白砂漠　エジプト

まるで火星!?　風がつくった奇岩が並ぶ砂漠

エジプトといえば、黄金色の砂漠とピラミッド。しかし、西部には、白い砂漠があるのです。真っ白い絨毯を敷き詰めたような一帯は、大昔、海の底だったことを物語っています。点在するヘンテコリンな岩は、サンゴの死骸や石灰が固まったもの。それが何千年もの間、風にさらされ、ニワトリ、キノコ、ラクダ……のような形となり、まるでオブジェのようです。砂漠の真っただ中でキャンプにチャレンジするのがおすすめ。月明かりの下でバーベキューをしていると、匂いをかぎつけキツネ（フェネック）がひょっこり姿を現すことも！　夜空を見上げれば満天の星。まるで別の惑星を旅しているような気分にさせられます。

No.081 Information

国名	エジプト
¥	12万〜30万円
👣	12〜3月
難易度	★★★☆☆
誰と?	☑1人　□カップル
	□ハネムーン　□夫婦
	☑友達と　□親と
	□子連れで

PLAN

1-2日目	東京発→カイロ着
3日目	カイロ泊
4日目	カイロ→白砂漠キャンプ泊
5日目	リビア砂漠観光→バフレイヤ泊
6日目	バフレイヤ→カイロ泊
7-8日目	カイロ発→東京着

POINT

白砂漠はサングラスがないと目を開けられないくらい眩しい。マスクも必需品。テントで1泊するなら、朝晩冷え込むので防寒着も必要。トイレはないので岩陰で。トイレットペーパー、ウエットティッシュ、水などを持参しよう。

大きな耳がかわいい砂漠のキツネ、フェネック。

死の海だけど、ワイワイ楽しもう！

082

死海　ヨルダン

絶対に沈まない海で浮遊体験

体が浮くことで有名な死海はアラビア半島北西部、ヨルダンとイスラエル両国にまたがる塩湖です。死海にはヨルダン川のほか6つの川が流入していますが、出口がないため、湖水が蒸発して塩分濃度が33%にもなります。それゆえ、魚や微生物は生きられないのです。ミネラルたっぷりの海水は美容によく、天然のエステとして喜ばれています。実際に入ってみると……おもしろいほどに浮きます！　ラッコのように仰向けでも、うつ伏せでも沈みません。そのまま雑誌などをもってポーズを決めて写真撮影を！　お肌がデリケートな女性にはホテルのラグジュアリーなスパで泥パックエステもおすすめです。

こんな斬新なリゾートホテルも！

No.082 Information

国名　ヨルダン

¥　15万〜35万円

👣　3〜10月

難易度　★☆☆☆☆

誰と？　☑1人　☑カップル　☑ハネムーン　☑夫婦　☑友達と　□親と　☑子連れで

PLAN

1日目　東京発

2日目　アンマン着→ペトラ泊

3日目　ペトラ遺跡のナイトキャンドル観賞

4日目　ペトラ遺跡→ワディラム→アカバ泊

5日目　アカバ→死海観光→アンマン泊

6-7日目　アンマン→東京着

POINT

キズがあると沁みるので要注意。水の入ったペットボトルを用意し、目に水が入ったときは、すぐに流せるようにしたい。冬は寒く泳げないし、夏は海水がお湯になるのでベストは3月〜10月。ハエの多い時期もある。

とにかく青！ 青！ 青！　おとぎ話のなかに迷い込んでしまったみたい。

青い服を着て
写真に写ると、
どこにいるか
わからなくなるよ！

女性はよく
ストライプの布を
腰に巻いている。

083

シャウエン　モロッコ

すべてが青に染まるラビリンスでのんびり町歩き

　モロッコ北部、フェズから車で約５時間。リフ山脈の奥深くに摩訶不思議な町があります。正式名称「シェフシャウエン」。一般的にはシャウエンと呼ばれる旧市街に一歩足を踏み入れると、そこはまさに別世界。右を見ても、左を見ても青、青、青！　そう、ここは“青の世界”なのです。

　かつてスペインから追われ、シャウエンに住みついたユダヤ教徒が、家や道をつくる際に、ユダヤカラーである青で塗りつくしたことから、町中が青一色になったとされています（その他、夏の暑さを視覚的に紛らわすため、という説もあります）。現在、シャウエンにいたユダヤ人のほとんどは、イスラエル

さすがに青い猫はいないけど、この町がお気に入り♪

ロマンティックな夜景にうっとり。

へ移住していますが、その習慣だけは残っている、というわけです。

青い服を着て、町に思い切り溶け込んでみたり!?

家も道も窓辺の植木鉢さえも青。それも、すべてが同じ色で統一されているわけではなく、水色や限りなく白に近いアイスブルーなども入り混じり、独特のグラデーションをつくっています。山のなかにもかかわらず、まるで水中にいるみたい。といっても、寒々しい感じはゼロ。軒先に飾られた草花やカラフルな手工芸品がほどよいアクセントとなり、素朴でかわいらしい雰囲気に。女性たちが腰に巻いている、地方特有のフータと呼ばれるストライプの布も町並みとマッチしています。

そして、あっちを曲がっても、こっちを曲がっても猫、猫、猫！　散策中は、至る所で猫と出会うでしょう。ここにいる猫たちは、青の世界がお気に入りの様子で、気持ちよさそうにくつろいでいます。普段は犬派の人も、思わず写真に収めたくなるほど微笑ましい光景です。

歴史的背景からスペイン語が浸透しており、すれ違う人に「オラ！（こんにちは）」と声をかけられるのも新鮮。客引きもほとんどいないので、ゆっくり町歩きができるのも魅力です。

夜、高台から見下ろすと、旧市街はほの青い光に包まれロマンティック。きっと一生記憶に残る光景となるでしょう。

治安もいいので
安心して
買い物もできるよ。

No.083 Information

国名	モロッコ
¥	12万～38万円
👣	3～11月
難易度	★★☆☆☆
誰と?	☑1人　☑カップル　☑ハネムーン　☑夫婦　☑友達と　☑親と　□子連れで

PLAN

1日目	東京発
2日目	カサブランカ着→フェズに移動
3日目	フェズ→シャウエン観光
4日目	シャウエン→フェズ泊
5日目	フェズ→カサブランカ発
6日目	東京着

POINT

シャウエンは山間部なので朝晩の寒暖差が激しい。厚手のジャケット、ブルゾンなどを準備しよう。日中は日差しが強いので、日焼け止め、サングラス、帽子などの対策グッズなども忘れずに。お土産はバブーシュと呼ばれるスリッパやアルガンオイルなど。

荒涼とした大地に広がる山岳オアシス、タメルザ渓谷。

084

タメルザ渓谷と山岳オアシス

チュニジア

果てしなく続く砂漠にある不思議なオアシス

　地中海を挟み、ヨーロッパと向かい合う、北アフリカのチュニジア。サハラ砂漠で有名ですが、それ以外にも自然が生み出す不思議な光景が多く、最近、注目されている旅先のひとつです。アルジェリアとの国境近く、山岳オアシスと呼ばれる村もそのひとつ。このあたりは、1969 年大洪水で水没してしまいましたが、かつての村を見学することができます。岩山とナツメヤシに囲まれた廃村、タメルザ渓谷は映画『イングリッシュ・ペイシェント』のロケ地にもなりました。その他、バルコニー・オアシスと呼ばれるユニークな断崖の村ミデスや、滝や小川が流れる美しい村シェビカも必見。次から次へと出現する絶景に興奮の連続です！

No.084 Information

国名　チュニジア

¥　14万〜30万円

👣　4〜6月、9〜11月

難易度　★★☆☆☆

誰と?　☑1人　☑カップル
□ハネムーン　□夫婦
☑友達と　☑親と
□子連れで

PLAN

1-2 日目　東京発→チュニス着→スース泊

3 日目　スース→サハラ砂漠泊

4-5 日目　タメルザ渓谷と山岳オアシス、サハラ砂漠などを観光、トズール泊

6 日目　トズール→チュニス泊

7-8 日目　チュニス発→東京着

POINT

風が強くホコリっぽいのでマスク、ストールは必須。1日の寒暖差も激しいので上着も必要。料理はスパイシーでヘルシー。イスラム圏だが、お酒も国内で生産されていて、旅行者向けのレストランではワインもビールも飲める。

左／アンティークな造りのレザー・ルージュ。
右／不思議な天然のバルコニーを見渡す（ミデスにて）。

そびえ立つ要塞とそのなかで暮らす人々。

085

ガルダイア　アルジェリア

建築ファン必見！　今も生きる中世の要塞都市

建物探訪のあとは、
市場でショッピング～！

サハラ北部、砂漠の涸れ谷「ムザブの谷」。そこに忽然と現れる世界遺産、ガルダイア。アースカラーやパステルカラーの立方体の家々が斜面にびっしり張り付き、頂上にミナレット（尖塔）が突き出しています。このなんとも不思議な町並みを、フランス人建築家ル・コルビジェも絶賛。建築ファンなら一度は見ておきたいでしょう。11世紀初めに要塞都市として建てられたものですが、今なお戒律の厳しいイスラム教徒モザビト人の生活の拠点となっています。広場は人で大にぎわい。砂漠の真ん中にもかかわらず、市場を覗くと新鮮でおいしそうな野菜や果物が山のように積まれています。お肉屋さんではラクダ肉も見られ、異文化を感じます。

人々の暮らしを垣間見るのも楽しい。

No.085 Information

国名	アルジェリア
¥	17万～40万円
👣	4～10月
難易度	★★★★☆
誰と？	☑1人　☑カップル　☐ハネムーン　☐夫婦　☑友達と　☐親と　☐子連れで

PLAN

1日目	東京発
2日目	アルジェ着
3日目	アルジェ→ガルダイア泊
4日目	ガルダイア泊
5日目	ガルダイア→アルジェ泊
6-7日目	アルジェ発→東京着

POINT

アルジェリア入国にはビザが必要。女性はモスクなどに入るとき頭に巻くスカーフがあるとよい。フランスの植民地だった影響もあり、食事はおいしく洗練されている。特に地中海に近い町、アルジェのシーフードは絶品。

Chapter 6
Africa

Atlantic Ocean

[アフリカ]
あるがままの自然に彩られた大地

さまざまな民族や風習があり、日本から訪れるとかなりのインパクトを感じるアフリカ大陸。ケニアやタンザニアの動物サファリ、ルワンダ、ウガンダのゴリラ＆チンパンジートレッキングは秘境ムード満点。滝ファンならジンバブエのビクトリアの滝は欠かせないでしょう。さらに、ユニークな民族や宗教に興味があれば、エチオピアへ。間違いなく、今まで行った旅のなかでも屈指の景色と感動体験に出会えるはずです。

086	マサイマラ動物保護区（ケニア）	……188
087	オカバンゴ・デルタ、モレミ動物保護区（ボツワナ）	……192
088	ナミブ砂漠（ナミビア）	……196
089	ロイサバ動物保護区（ケニア）	……200
090	ザンジバル島（タンザニア）	……202
091	セレンゲティ国立公園（タンザニア）	……204
092	ンゴロンゴロ動物保護区（タンザニア）	……206
093	カタヴィ国立公園（タンザニア）	……208
094	クルーガー国立公園（南アフリカ）	……210
095	ビクトリアの滝（ジンバブエ・ザンビア）	……212
096	メロエのピラミッド群（スーダン）	……214
097	ボルカノ国立公園／ブウィンディ原生国立公園（ルワンダ・ウガンダ）	……216
098	サウスルアングア国立公園（ザンビア）	……218

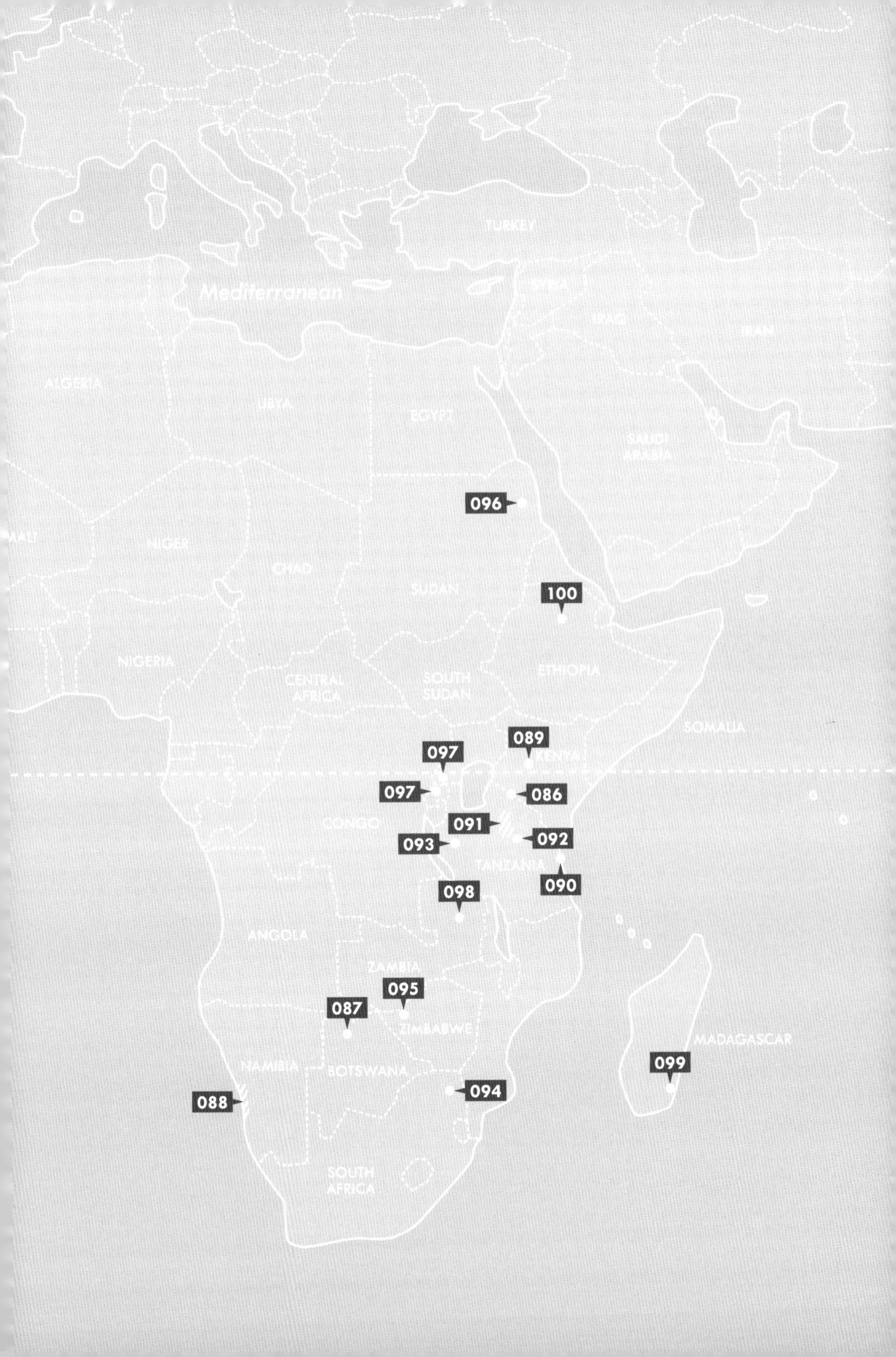

TURKEY
Mediterranean
SYRIA
IRAQ
IRAN
ALGERIA
LIBYA
EGYPT
SAUDI ARABIA
NIGER
CHAD
SUDAN
096
100
NIGERIA
CENTRAL AFRICA
SOUTH SUDAN
ETHIOPIA
SOMALIA
089
KENYA
097
097
086
CONGO
091
093
092
TANZANIA
090
098
ANGOLA
ZAMBIA
095
087
ZIMBABWE
NAMIBIA
BOTSWANA
088
094
SOUTH AFRICA
MADAGASCAR
099

動物好きなら一度は足を運びたい、野生動物の宝庫（マサイマラ動物保護区／ケニア）

ビッグファイブに会いたいならマサイマラがおすすめ！

086

マサイマラ動物保護区　ケニア

アニマルづくしの数日間。オリジナル動物図鑑をつくるならここ！

ケニアにはいくつかの動物保護区が存在しますが、一番多くの動物を見られるのがマサイマラ動物保護区。タンザニアのセレンゲティ国立公園と隣接していることもあり、人間と違って国境のない野生動物たちは多様な生態系をつくっているのです。

見渡す限りの大草原には、ライオン、サイ、ゾウ、バッファロー、ヒョウの“ビッグファイブ”のほか、キリン、シマウマ、チーター、ハイエナなどなど。川にはカバやワニ。森にはたくさんの猿や鳥たちが暮らしています。7月～10月に見られるヌーの大群も迫力満点。マサイマラの名物にもなっています。サファリカーでそっと近寄り、写真を撮りまくると、オリジナルの動

マラ川でヌーの川下りを目撃！

サバンナの真ん中での
ブッシュ・
ブレックファーストは
サイコー！

丘の上に立つ優雅なホテル「ムパタクラブ」。
サバンナを見下ろしてジャグジーに入る至福のとき!

近くにはマサイ族の村も。これが跳躍力抜群の生ジャンプ!
マサイ族伝統の赤い衣装が印象的。

物図鑑ができそうなくらい、動物の宝庫。人や車を気にせず、目の前を通り過ぎるかわいい小ゾウに胸が弾むことでしょう。

保護区内には素敵な宿泊施設がたくさんあるので連泊し、非日常の体験を心ゆくまで堪能したいものです。

サバンナを眺めながらの食事はサファリの醍醐味

ちょっと贅沢なロッジでは早朝のサファリの最後に、サバンナの真っただ中で朝食をいただける贅沢体験ができます。味のレベルも想像以上に高くびっくり。心温まるサービスも手伝い気分は爽快！　食欲増進間違いなしです。

サファリは動物の行動に合わせ、早朝&夕方に出発するのがほとんど。時間の空く日中、「サンクチュアリー・オロナナ」などでは、心地よいアロマ・マッサージを受けるのもおすすめです。遠くに聞こえるカバの鳴き声がBGMのスパなんてワイルド。日本では絶対に経験できません。オールインクルーシブのロッジでは、ワイン、ソフトドリンクがすべて無料、という感動のサービスもあります。開放感のあるテントロッジで、それらを片手にゴロゴロ……。日ごろ忙しく働く人に、これ以上の癒やしはないでしょう。

サファリでどれだけの動物に会えるかは、ガイドの良し悪しにかかわります。よいロッジでは腕利きガイドを抱えていることも多いので、妥協を許さず吟味したいものです。

No.086 Information

国名	ケニア
¥	20万〜60万円
(時期)	7〜10月
難易度	★★☆☆☆
誰と?	☑1人　☑カップル　☑ハネムーン　☑夫婦　☑友達と　☑親と　☑子連れで

PLAN

1-2日目	東京発→ナイロビ着、ナイバシャ湖泊
3日目	ナイバシャ湖→ナクル湖泊
4日目	ナクル湖→マサイマラ動物保護区泊
5日目	マサイマラ動物保護区泊
6日目	マサイマラ発
7-8日目	東京着

POINT

サファリではアースカラーの服装がおすすめ。赤などの派手な色は動物たちが驚くので避けたほうがよい。必需品は双眼鏡、望遠レンズつきのカメラ、虫よけスプレー、防寒着など。ベストシーズンは7月〜10月(とはいえ雨季の4月〜5月もサバンナの緑が美しい)。

動物ファンが最後に目指す珠玉の地（オカバンゴ・デルタ、モレミ動物保護区／ボツワナ）

オープンサファリカーで開放的なサファリドライブ。

087

オカバンゴ・デルタ、モレミ動物保護区 ボツワナ

野生動物ファンが最後にたどり着く究極のサファリ

かつて貴族が狩猟を楽しんだサファリ。現在は、銃をカメラにもち替え、動物ウォッチングを楽しみますが、なかでも極上のサファリ体験ができるのがボツワナの「オカバンゴ・デルタ」です。

“カラハリの宝石”と呼ばれるオカバンゴ湿地帯は世界最大級の内陸デルタで、豊かな水をたたえた湿原から乾燥した大地まで、変化に富んだ自然が広がっています。

水が多いため、セスナで湿原の真っただ中にアクセスすると、あたり一面に広がるジャングルにまず圧倒されます。驚くほど生き生きとした緑のなかを鳥が飛びかい、どこからともなく野獣の鳴き声が聞こえてきます。これぞ、動物の楽園！　滞在するロッジでは、人間などお構いなしに、野生のゾウがノッシノッシと歩いています。

目の前で、
のんびりくつろぐ
ライオン。

22 SEP

四国と同じくらいの面積をもつ、世界最大級の湿地帯。

モレミ動物保護区にある老舗のロッジ「クワイリバーロッジ」は、ナチュラルながらラグジュアリーな滞在ができるサファリロッジ。

音の出ない丸木舟“モコロ”で水辺の動物に大接近！

オカバンゴの魅力は、場所によって“陸のサファリ”と“水のサファリ”の両方が楽しめるところ。「モコロ」という伝統的な丸太のカヌーは、エンジンがないので音もなく進みます。まるで水面を滑るアメンボのようにカバやワニ、美しい水鳥に近づくことができるのです。

また、モレミ動物保護区では、大草原のサバンナを4WD車で自由に走り回ることができます。ケニアやタンザニアなどでサファリ体験をした人が、最後に目指す場所だといわれるほど珠玉のサファリなのです。「ここではライオンは珍しい動物ではありません」とサファリガイドが言うように、ライオンをはじめ、チーター、インパラ……世界で3000頭しかいないといわれるワイルドドッグ（リカオン）までもが目の前に！　タイミングによってはヒョウがイボイノシシなどを追いかけるハンティングシーンまで見られるかもしれません。

かわいい顔して獰猛なワイルドドッグ（リカオン）は1日に2回のハンティングをすることも。

命の大地、アフリカの大自然で見る野生動物やナチュラルで心地よいロッジ滞在は、またとない体験となるはず。ライオンの遠吠えを聞きながらのバスタイムは、なかなか乙なものです。

モコロは地球最後の楽園オカバンゴならではの醍醐味。

No.087 Information

国名	ボツワナ
¥	48万～80万円
👣	6～10月
難易度	★★★★☆
誰と？	□1人　☑カップル　☑ハネムーン　☑夫婦　☑友達と　□親と　□子連れで

PLAN

1日目	東京発
2日目	ヨハネスブルグ着→オカバンゴ・デルタ泊
3日目	オカバンゴ・デルタ泊
4-5日目	モレミ動物保護区泊
6日目	ヨハネスブルグ泊
7-8日目	ヨハネスブルグ発→東京着

POINT

マラリア予防薬の服用が必須。サファリは地味な色の長袖、長ズボンがベター。虫よけスプレーなど虫対策も万全に。ベストシーズンは乾季である6月～10月（特に7月～9月）。真冬にあたる7月～8月は、かなり冷え込むこともあるので防寒着が必要。

オレンジ色の砂丘がいくつも連なる。地球ではないどこかに迷い込んだよう（ナミブ砂漠／ナミビア）

高さ120ｍほどの砂丘、デューン45に登ってまわりに広がる砂の光景を満喫しよう。

本当の静寂がわかるテント泊。

1500～2000年生きるといわれている謎の植物、ウェルウィッチャー（日本名は奇想天外）。

088

ナミブ砂漠　ナミビア

世界最古の砂漠の光景は、まるで異世界“砂の惑星”

アフリカ大陸の南西部に位置するナミビア共和国。その大西洋岸にあるナミブ砂漠は、北はアンゴラ、南は南アフリカ共和国との国境付近まで、南北約1300㎞も続く広大な砂漠です。総面積は約5万㎢。約8000万年前に誕生したといわれ、世界でもっとも古い砂漠だと考えられています。

砂漠に足を踏み入れると、山のように高いオレンジ色の砂丘がいくつも連なり、地球とは思えないような光景が目の前に広がります。砂が積み上がってできる砂丘は、大きなもので高さ約300ｍにもなり、見上げた姿は圧巻。いくつもの砂丘が連なり荒野を形成していますが、砂丘の上から見る景色は“砂の惑星”のようです。

砂丘に囲まれた盆地にはデッドフレイ＝死の谷が。
日光で焼かれた枯れ木が何百年も佇んでいる。

近くにはこんなにきれいなリゾートホテルもあるよ。
まわりにはなにもないのでアフリカの大自然をそのまま感じよう。

サハラ砂漠ではその広さに驚かされますが、ここナミブ砂漠では立体感のある砂丘の美しい形に感動します。

砂漠にキャンプして、大砂丘の日の出を堪能しよう

ここで押さえておかなければいけないものは、砂漠の日の出です。見学ポイントはデューン45（デューンは砂丘、45は公園の入り口からの距離）。世界最大といわれる300 m級の砂丘群のなかでも、形がもっともきれいなことで世界的に有名なスポットです。

ただし、公園の開門時間の関係で、日の出を見るためには公園内に泊まる必要があります。ロッジもありますがベッド数はわずか。そこで、公園内でキャンプをするのがおすすめです。現地のガイドを雇い、テントに一泊。翌朝、夜明け前にデューン45を目指して出発します。日の出とともに赤褐色に染まる砂丘は、たとえようのない美しさ。ご来光を浴び、しっかりパワーチャージしたら、大砂丘の麓でデザート・ブレックファーストを楽しみましょう。ドーナツやマフィン、インスタントコーヒーという簡単なものですが、大自然のなかでいただく食事は格別です。

時間が許すなら、砂漠の最深部「ソッサスフレイ」に行ってみたいものです。そこにはデッドフレイ（死の谷）と呼ばれる、ひび割れた干ばつ地が姿を現します。500年前までは湖だった場所で、さまざまな種類の枯れた立ち木がミイラのように散在するさまは、まさに異空間。地球の営みの奥深さを感じずにはいられないでしょう。

No.088 Information

国名　ナミビア
¥　30万～60万円
（時期）　4～10月
難易度　★★★☆☆
誰と?　☑1人　☑カップル　☑ハネムーン
☑夫婦　☑友達と　□親と
□子連れで

PLAN

1日目　東京発
2日目　ヨハネスブルグ着→ナミブ砂漠泊
3日目　ナミブ砂漠泊
4日目　ナミブ砂漠→ウォルビスベイ泊
5日目　ウォルビスベイ→ヨハネスブルグ泊
6-7日目　ヨハネスブルグ発→東京着

POINT

ほかの砂漠と同様、紫外線対策の長袖、長ズボン、日焼け止め、砂ボコリ対策のマスク、スカーフ、目薬などを忘れずに。テントで夜を過ごす場合は、防寒着、ミネラルウォーター、トイレットペーパー、ウエットティッシュが必需品。

星降る夜空もサバンナも独り占め！

089

ロイサバ動物保護区　ケニア

星空に包まれる“スターベッド”でロマンティックな一夜を

網目の模様がくっきりしているアミメキリン。

サバンナの真っただ中にポツンと置かれた“スターベッド”。そこに横たわりながら星空を眺めることができるのが、エコツーリズムのサファリロッジ「ロイサバ・スターベッド」です。

豪華なメーンロッジから車で15分ほど走った大自然のなかにある高床式のツリーロッジは天然素材100%のナチュラルさ。件《くだん》のスターベッドは屋外の広いベランダに存在します。そこには窓も天井もなく蚊帳だけ。電気も水道もなく、代わりにあるのはランプとバケツの水。ご想像のとおり、トイレや入浴には若干不便を感じますが、ベッドから見上げる満天の星を見れば、そんなことはとるに足らないことだとわかります。

ロイサバ近郊に暮らすサンブール族。
衣装がとってもカラフル。

丸い耳がかわいく、はっきりしたシマ模様の
グレービーシマウマ。

地平線を真っ赤に染めるサバンナの朝日も独り占め

夜な夜な聞こえる“ゾウのトランペット”やハイエナの鳴き声。早朝、地平線を真っ赤に染めるサバンナの朝日も独り占め。こんなユニークで贅沢な体験ができる場所は世界中そうはないはずです。

ケニア北部にあるロイサバ動物保護区は、マサイマラ動物保護区に次ぐ動物の宝庫。当然、サファリだって楽しさ満点なのです。サンブール族出身のドライバーガイドが頭に羽根や花をつけているのも愛嬌たっぷり。彼らは視力が極めてよいので、動物を見つけるのはお手のものです。ロッジ周辺のどこにどんな動物がいるかも完璧に理解しているので、かなりの確率でいろいろな動物に会えるのです。

カラフルな鳥、網目状の柄が特徴のアミメキリン、丸い耳がかわいいグレービーシマウマ、ゾウ、インパラ、オリックス、エランド、カバ……、そしていつも夫婦で行動しているといわれるディクディクの多さは驚くほどで、あちこちでピョンピョン跳ねているのがキュートです。

動物が好きな人、大自然を五感で感じたい人、ロマンティックな夜を過ごしたい人は、きっと気に入るはず。ここでの非日常体験は、一度味わったら、絶対ハマります。

お出迎えは
サンブール族の
やさしい笑顔と
オレンジジュース！

ロイサバでは
サバイバル体験を
楽しもう。

No.089 Information

国名　ケニア
¥　40万～80万円
👣　7～10月
難易度　★★★☆☆
誰と？　☐1人　☑カップル　☑ハネムーン
☑夫婦　☑友達と　☐親と
☐子連れで

PLAN

1-2日目　東京発→ナイロビ着
3日目　ナイロビ→ロイサバ動物保護区泊
4日目　ロイサバ動物保護区泊
5-6日目　マサイマラ動物保護区泊
7-8日目　ナイロビ発→東京着

POINT

必需品は懐中電灯、ウエットティッシュ、虫よけスプレー、蚊取り線香、防寒着など。サファリはアースカラーの服装で。トイレも1回しか流せないが、不便だと思わずサバイバル感覚で楽しんじゃったもの勝ち。ベストシーズンは7月～10月。

島北部のヌングイビーチはこんなにきれい！

090

ザンジバル島 タンザニア

歴史と文化、そして美しい海に彩られたスワヒリの楽園

タンザニアの沖合、サンゴ礁に囲まれた大きな島ザンジバル島。かつて奴隷貿易、香辛料貿易、象牙貿易の中心地として栄えた場所でもありますが、タンザニア本土とは異なり治安も比較的よく、美しいリゾート地として観光客に人気があります。

ヤシの木に彩られた白砂ビーチに平行した道を車で走っていると、イスラム教の島らしく白い帽子をかぶった島民たちが笑顔で手を振ってくれ、とてものどかな雰囲気が漂っています。美しいビーチを目指すなら、なんといっても北部のヌングイビーチ。絶景をバックに、設備のいいリゾートホテルが点在しているので、欧米人観光客（アジア人は珍しい）に交じって、のんびり過ごすのもいいでしょう。

こんな場所で、頭をからっぽにして、とろけた〜い。

一方、最南端キジムカジで人気があるのが「スイム・ウィズ・ドルフィン」。ボートでイルカを見つけたら、海にドボーン！　イルカと一緒に泳ぐという最高の体験が待っています。動物好きは南東部のジョザニ保護区へ行ってみましょう。ここには赤茶色の背中が特徴の“レッドコロバス”という、世界でここにしかいない希少なサルが3000匹も生息しています。ユニークな顔やしぐさは、ずっと見ていても飽きません。

奴隷市場跡に立つ教会。

世界遺産ストーンタウンの町並みは素朴そのもの。

散策が楽しいアラブ×ヨーロッパのエキゾティックな町並み

また、どんな人も必ず訪れるのが世界遺産のストーンタウンです。古い建物の間に細い路地がのびる、まるで迷路のような町。アラブの要塞、旧スルタン宮殿、奴隷市場跡などの見どころが続きます。ローカルマーケットでは、野菜、魚、肉のほかに、いろいろな種類のスパイスが売られているので、料理が好きな人には楽しいはずです（ちょっぴり匂いが独特）。その他、布、絵画、彫刻、アクセサリーなども豊富なラインナップ。帰国後、部屋のインテリアにアフリカ雑貨が増えそうです。

ザンジバルだけに棲むレッドコロバス。
「ジャンボ！」と挨拶してみよう。

“ブルキナバスケット”
はやっぱり
日本より安い！

No.090 Information

国名	タンザニア
¥	30万～60万円
	1～2月、6～9月
難易度	★★☆☆☆
誰と?	☑1人　☑カップル　☑ハネムーン　☑夫婦　☑友達と　☐親と　☐子連れで

PLAN

1-2日目	東京発→ナイロビ着
3-4日目	ナイロビ→マサイマラ動物保護区泊
5日目	マサイマラ動物保護区→ナイロビ泊
6日目	ナイロビ→ザンジバル泊
7日目	ザンジバル泊
8-9日目	ザンジバル発→東京着

POINT

黄熱病の予防接種が必要。マラリアの注意も必要なので、予防薬などを準備しておこう。日中は長袖1枚で大丈夫だが、朝晩は冷え込むこともあるので上着を持参しよう。日焼け止め、帽子、虫よけスプレーもお忘れなく。

091

セレンゲティ国立公園　タンザニア

ライオンたちは木の上でのんびり。

どこまでも、どこまでも、どこまでも続く大草原

セレンゲティ国立公園は、数ある東アフリカの国立公園のなかで、もっともポピュラーな場所のひとつです。タンザニア北東部に位置し、面積は約1万4763㎢。なんと東京、神奈川、千葉、埼玉がすっぽり入ってしまうくらいの大きさです。マサイ語で「果てしない平原」という名のとおり、どこまでもサバンナが広がっています。

当然、たくさんの動物が暮らしていますが、ここでの主役はなんといってもヌー！　セレンゲティに棲む約300万頭の動物のうち、約3分の1がヌーといわれています。ウシの角、ヤギの髭、ウマの尾をもつ不思議なフォルムと、ヌボーっとしている表情が愛嬌たっぷり。物音がするといっせいに顔を向けるところもかわいらしく、見ていて飽きません。彼らは大きな群れをつくり（なかにはシマウマの姿も）、食料となる草を求めて大移動することが知られていますが、それが見られるのが12月～3月。最盛期には公園内を流れるマラ川がヌーで埋めつくされるほどです。

マサイキリンは星やモミジのような形の複雑な斑が特徴。

左／水飲み中も警戒を怠らないシマウマ。
右／サファリカーを囲むヌーの群れは大迫力！

笑顔が素敵な
ドライバー
ガイドさん。

ヌーやカバ、ライオンたちと出会おう

見学は、サファリカーはもちろん、最近は夜明けとともに気球に乗るプランも人気です。早朝は動物たちが活発なので、カバやライオンが獲物を求めてウロウロしている姿が見られるかもしれません。

動物たちは気まぐれなので、お目当てを探すには少なくとも3日は滞在したいものです。サバンナの真っただ中にサファリロッジが点在していて、そこで食事をし、ロッジを拠点として朝夕サファリドライブをします。ランクはさまざまですが、ラグジュアリータイプなら24時間お湯も出るし（ソーラー発電）、プールもあります。レストランではグルメな食事も楽しめます。見晴らしのよいテラスで夕暮れを眺めながら、その日見た動物や旅の話に花を咲かせるのも豊かな時間となるでしょう。

マサイ族の
男性たち。

No.091 Information

国名	タンザニア
¥	30万～60万円
👣	1～3月、11～12月
難易度	★★★☆☆
誰と？	□1人　☑カップル　☑ハネムーン　☑夫婦　☑友達と　□親と　□子連れで

PLAN

1日目	東京発
2日目	キリマンジャロ着→アルーシャ泊
3日目	アルーシャ→セレンゲティ国立公園泊
4-5日目	セレンゲティ国立公園泊
6日目	セレンゲティ国立公園→アルーシャ泊
7-8日目	キリマンジャロ発→東京着

POINT

サファリはカーキ色やアースカラーなどの地味な配色の長袖＆長ズボンが好ましい。乾季では、凸凹の砂利道はホコリもすごいのでマスクやスカーフなど防御するものがあるとよい。その他は虫よけスプレー、虫刺され薬、ウエットティッシュなど。トイレは公園のゲートにあるほかは、ネイチャートイレをどうぞ！

数百から1000頭余りにもなるヌーの大群。

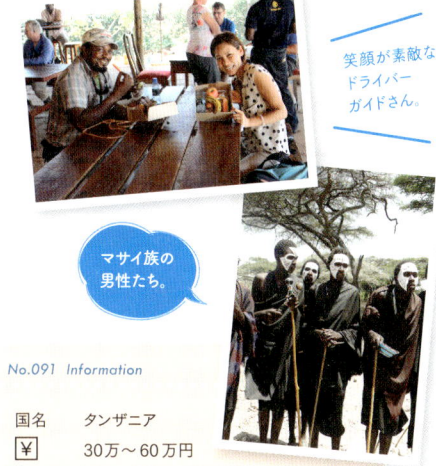

すり鉢状のクレーター内部は野生動物の楽園。

092

ンゴロンゴロ動物保護区　タンザニア

巨大な火山のクレーターで迫力のサファリ体験

タンザニア北部に位置するンゴロンゴロ動物保護区の見どころは、なんといってもクレーターでしょう。200万年前、アフリカ大陸で起こった火山活動でできた噴火口のひとつで、南北16㎞、東西19㎞、深さ600m。この巨大なクレーターが外界からの人類と文明の侵入を阻み、動物たちの楽園をつくったわけです。クレーターの底で闊歩するゾウやライオンは漫画『ジャングル大帝』の発想源にもなったといわれています。

平らなクレーターの底に下りると、ゾウ、ライオン、バッファロー、カバ、シマウマ、イボイノシシといったメジャー動物はもちろん、ヒョウやジャッカルなどの姿も見ることができます。

ほとんどの動物がクレーター内で一生を過ご

マサイ族の兵士の方々とウォーキングサファリ♪

左／ホテル以上に快適な「ンゴロンゴロ・クレーターロッジ」

ンゴロンゴロでもクレーターの外にはキリンがいるよ。

シマウマの子どもってシマが茶色なのね。
ほとんどの動物がクレーター内で一生を過ごす。

します。人間という敵が住んでいないせいか、動物たちはどことなくのんびりした雰囲気。ンゴロンゴロでは、通常のサファリドライブのほか、マサイ族の戦士と一緒に行くウォーキングサファリもあります。動物と同じ目線で歩くのは、スリリングな体験です。

つ星のサファリロッジ「ンゴロンゴロ・クレーターロッジ」があります。センスのよいインテリア、雄大な眺め、おいしい食事は特筆もの。各部屋にはバトラー（執事）がつき、至れりつくせりのサービス!! ここぞとばかりにお姫様気分を味わってみてはいかがでしょう？

バトラーの至れりつくせりのサービスでお姫様気分を

　保全地域管理事務所では多くの動物学者とレンジャーが、肉食獣の数を把握するため、子どもが生まれた日にちや数まで記録。保全に努めているおかげで、1年中サファリが楽しめるわけなのです。

　クレーターのパノラマを見下ろす火口縁には5

No.092 Information

国名	タンザニア
¥	25万〜55万円
👣	1〜3月、6〜12月
難易度	★★★☆☆
誰と?	☑1人　☐カップル　☐ハネムーン　☐夫婦　☐友達と　☐親と　☑子連れで

PLAN

1日目	東京発
2日目	キリマンジャロ着→アルーシャ泊
3日目	アルーシャ→ンゴロンゴロ動物保護区泊
4日目	ンゴロンゴロ動物保護区→マニャラ湖国立公園泊
5日目	マニャラ湖国立公園→アルーシャ泊
6-8日目	アルーシャ→キリマンジャロ発→東京着

POINT

ちなみに、ンゴロンゴロではクレーター内にはキリンはいない。サファリの服装は赤や金などの派手な色は避け、アースカラーで。トイレはネイチャーにて。草むらで、動物を気にしながら……!? 虫よけ、砂ボコリよけは必須。

22 FEB 2014
KIA
TANZANIA

093

カタヴィ国立公園　タンザニア

自然のなかにある
テントロッジ。
ゾウがひょっこり
遊びに来ることも……。

穴場中の穴場！　手つかずの自然と野生動物を独り占め

タンザニア南西部にあるカタヴィ国立公園。国内で3番目に大きい国立公園ですが、アルーシャからフライトで4時間もかかる不便さから手つかずの自然が残されています。サファリ客もほかの国立公園に比べて少なく、穴場中の穴場といっていいでしょう。サファリカーもまばらで、ほとんど視界に入りません。目の前にある大自然と動物たちを独り占め！　そんな気分が味わえるのがカタヴィの魅力です。

敷地内はうっそうとした森で覆われ、雨季には水辺が水鳥の天国になりますが、やはりここでの醍醐味は乾季。ゾウ、キリン、サイ、インパラ、マングース、イボイノシシ、バッファローは滞在中、当たり前のように見かけます。

ロッジ
「CHADA KATAVI」
の清潔なベッドで
おやすみ～。

左／ヘルシーでおいしい料理をサバンナでいただく！

ヒョウやベルベットモンキー、
たくさんの鳥も間近で見ることができるかも。

水中で暮らすカバ。
こんな図体で意外と泳ぐのも走るのも得意。

昼間から寝てばかりいる怠け者のカバに思わず脱力

しかし、どんな動物もカバの数にはおよびません。ヒポプールにいるカバはまるで“つくだ煮”状態。泥水のなかでひたすら昼寝をする怠惰な姿は微笑ましく、こちらもつられて脱力。しかし、午後になるといっせいに陸に上がり、草をムシャムシャ食べ始めます。カバが陸を歩くだけでも珍しいのに、それが何頭、いえ何十頭もいるなんて本当に貴重な光景です。

カタヴィにもいくつか素敵なテントロッジがあります。そのうちのひとつが、ブッシュに囲まれた超ナチュラル「CHADA KATAVI」。鳥やベルベットモンキーといった小動物のみならず、ときにはゾウのファミリーも敷地内に入ってきて宿泊者にうれしいサプライズをくれます。サービスも気が利いているし、野菜たっぷりのヘルシー料理も日本人好みです。テント内も快適そのもの。ゆったりとしたスペースと高めの天井は開放感があり居心地満点。テラスでコーヒーをすすりながらサバンナを見渡す午後のひとときは格別でしょう。屋外にあるバケットシャワーには、お願いすればスタッフがお湯を入れてくれます。木漏れ日が降り注ぐなか、浴びるシャワーは、これも非日常の楽しい体験なのです。

No.093 Information

国名	タンザニア
¥	82万～92万円
👣	6～10月
難易度	★★★★★
誰と?	□1人　☑カップル　☑ハネムーン　☑夫婦　☑友達と　□親と　□子連れで

PLAN

1日目	東京発
2日目	キリマンジャロ着→アルーシャ泊
3日目	アルーシャ→カタヴィ国立公園泊
4-5日目	カタヴィ国立公園泊
6日目	カタヴィ国立公園→アルーシャ泊
7-8日目	キリマンジャロ発→東京着

POINT

カタヴィにはツェツェバエが多いので要注意。刺される瞬間チクリと痛く、のちに赤く腫れる。予防接種もなく、虫よけスプレーも効き目がないので長袖＆長ズボンで防御しよう。その他、ごくまれにいるスズメバチにも注意を。

バケットシャワーには
頼めばお湯を
入れてくれる。

チーターとも触れ合える!

094

クルーガー国立公園　南アフリカ

五感を研ぎ澄ませて動物を探せ!　ドキドキのサファリ体験

南アフリカが誇るサファリのメッカ、クルーガー国立公園。保護区の面積は日本の四国に相当するほど広大です。ムプマランガ州に属する南部は緑が多く高級ロッジが集まっています。一方、リンポポ州に属する北部はアフリカらしい乾燥したワイルドな景色が広がり、動物が見やすいのが特徴です。

広大な敷地には、147種の哺乳動物、500種の鳥類、116種の爬虫類、34種の両生類、49種の魚類が見られるほか、457種の樹木や灌木、1500種の植物、さらに無数の昆虫類が生息するといわれています。

車で公園内をゆっくり散策する定番サファリはビッグファイブ（ライオン、ヒョウ、サイ、ゾウ、バッファロー）に会える一番のチャンス!　鳥の警戒する鳴き声に耳を傾け、よ〜く目を凝らしてみましょう。木の上でうたた寝しているヒョウや、車の前を通りすぎるライオンの親子を発見したときの感動は、まさにプライスレスです!

シュクドゥ・ゲームロッジは動物との触れ合いが評判。

インテリアセンスが抜群のロッジ、シンギタ。

サファリカーにゾウが近づいてくるサプライズ！

ライオンの正面からの表情をキャッチ！
笑ってるみたいでかわいいね。

名物の“ サンダウナー ”はワイン片手に夕日に乾杯

そして、1日を締めくくるのはドラマティックな“サンダウナー”。夕日がきれいに見えるポイントで車を止め、シャンパンや南アフリカ産のワイン（今、世界的にも注目されている）を片手に乾杯！　真っ赤に燃える太陽が沈むと、夜の静寂が訪れます。

快適なテントロッジで一夜を過ごした翌日は、気分を変えて、歩きながら動物を探すウォーキングサファリに参加してみてはいかがでしょう。ライフルを携行した公認ガイドと一緒に、動物の足跡をたよりにブッシュを探索！　昆虫や植物の生態系も丁寧に説明してくれるので、よりサファリを身近に感じることができます。

ケニアの次に、どこのサファリを目指すか迷ったときはクルーガー国立公園がおすすめ。足跡を探し、耳を澄まし、目を凝らし、探検家気分で動物を探す楽しさがあるサファリです。

※注）ペットではありません。野生です。

No.094 Information

国名　南アフリカ
¥　32万～80万円
👣　7～10月
難易度　★★☆☆☆
誰と？　☑1人　☑カップル　☑ハネムーン　☑夫婦　☑友達と　☑親と　☑子連れで

PLAN

1日目　東京発
2-3日目　ヨハネスブルグ着→ビクトリア滝泊
4-5日目　ケープタウン泊
6日目　ケープタウン→クルーガー国立公園泊
7日目　クルーガー国立公園泊
8-9日目　ヨハネスブルグ発→東京着

POINT

「1日に四季がある」といわれるほど南アフリカは寒暖の差が激しい。朝晩は冷え込むことが多いので防寒具も用意しよう。サファリは年間通じて楽しめるが、特におすすめは冬（7月～10月）。ブッシュの葉が落ちるので動物が発見しやすくなる。

095

ビクトリアの滝　ジンバブエ・ザンビア

滝壺に虹がかかることも！

びしょ濡れ必至！　世界随一の水量を誇る滝

　ジンバブエとザンビアの国境にあるビクトリアの滝。滝幅1700m、落差108mの規模は、イグアスの滝（南米）、ナイアガラの滝（北米）と並び世界三大瀑布とうたわれています。

“雷鳴とどろく水煙”と呼ばれるビクトリアの滝。

　1855年、この滝に到達した探検家デビッド・リビングストンが母国のイギリス女王にちなんで“ビクトリア”と命名しましたが、現地では「モシ・オア・トゥンヤ（雷鳴とどろく水煙）」と呼ばれています。その名のとおり、水量が多い雨季には1分間に5億リットルの水が落下。少し離れた場所からも、立ちのぼる水煙や轟音が確認でき迫力満点です。滝沿いの遊歩道を歩けば、即座にびしょ濡れに。臨場感はたっぷり味わえますが、濡れたくないという人はできる限りの防水対策をして行きましょう。

濡れたくない人は
レインコートも
有料で貸して
もらえるよ！

ジンバブエではライオンと触れ合える
“ライオンウォーク”も人気。

滝観光と併せて“エレファントバックサファリ”も楽しもう。
ガイドさんと一緒なので初めてでも安心！

滝の端っこにできた天然プールはスリル満点

地面の裂け目に流れ落ちるようなビクトリアの滝は、対岸から見ると落下口がまるで１枚のカーテンのように見えますが、実は６つのパートにわかれています。そのひとつが恐怖の“デビルズプール”。滝の端っこにできた天然プールのようなもので、観光客は水着でつかります。ちょっと身を乗り出すと、そこは切り立った崖＆滝。かなりスリリングな絶景（!?）を見ることができます。それはちょっと怖過ぎる……という人はヘリコプターに乗って上空から観察するのがいいでしょう。滝全体を俯瞰できるので、そのスケールがよくわかります。

ほかにもラフティングやリバークルーズなどアクティビティも多彩。ザンベジ川にかかる鉄橋からバンジージャンプもできるので、チャレンジャーはぜひ。

ビクトリアの滝は、実は長い年月をかけて上流へと移動しています。下流に連なる険しい渓谷はかつての滝の跡。現在の滝は８番目ですが、浸食は進んでおり、数万年後にはまた新たな滝が誕生します。我々が浴びる水しぶきは、壮大な自然の営みの一端なのです。

No.095 Information

国名	ジンバブエ・ザンビア
¥	26万〜45万円
👣	雨季は11〜3月、乾季は4〜9月
難易度	★★☆☆☆
誰と？	☑1人　☑カップル　☑ハネムーン　☑夫婦　☑友達と　☑親と　☑子連れで

1 3 OCT
HARARE AIRPORT

PLAN

1日目	東京発
2日目	ヨハネスブルグ着→ビクトリア滝泊
3日目	ビクトリア滝やチョベ国立公園観光
4日目	ビクトリア滝→ケープタウン泊
5-6日目	ケープタウン泊
7-8日目	ケープタウン発→東京着

エレファント
バックサファリは、
ゾウやチーターと
触れ合うチャンス！

POINT

雨が少なく観光しやすいのは冬季（4月〜9月）。迫力満点の滝を見るなら水量が多い雨季（11月〜3月）。どちらがいいかは好みの問題。あえていうなら、4月〜5月は水量も多く雨が少ないのでおすすめ。滝観光は雨具やジッパーつき保存袋（カメラを入れるため）などできる限りの水対策が必要。

096

メロエのピラミッド群 スーダン

紀元前590年ごろ
栄えた町
「ロイヤルシティ」。

砂漠のなかのピラミッドで歴史ロマンに浸る

アフリカ大陸のなかでも人気のスポット、エジプトはよく知られていますが、その隣国のスーダンを知る人は少ないでしょう。

スーダンは地中海エリアおよびアラブ世界とアフリカを結ぶ十字路として栄えた国です。最盛期にはアフリカ大陸の4分の1にもおよぶ巨大な王国を築きました。

各地に残された遺跡では、伝統を残しつつもローマ、ギリシャ文明を取り入れた独特の建築美を見ることができます。800基以上あるピラミッドのなかでも、重要なピラミッド群がメロエです。特に、王族や一般の人々が暮らしていたロイヤルシティ（いわゆる城下町）は必見。一つひとつの遺跡は大きくありませんが、王宮跡のほかに、浴場跡、居住区などがあり興味深いものです。

明るく元気な
女子学生。
ピースの仕方も
今どき！

左／ナイル川クルーズ
で優雅なひとときを。

古代クシュ・メロエ王朝時代のナカ遺跡。
神殿や神々のレリーフは必見。

遺跡のそばにはラクダ使いもちらほら。
ラクダに乗って観光もできるよ。

温厚なスーダン人の
おもてなしにも癒やされる

さらに必見スポットがピラミッド群。南・北・西にわかれていますが、そのうち見学が可能なのは南と北。エジプトのピラミッドの建造目的は謎に包まれていますが、スーダンのピラミッドの目的は明らかに「お墓」です。メロエ王朝の女王シャナダヘトをはじめとする30～40基のピラミッドが、サハラ砂漠に埋もれるようにして残っています。エジプトのものに比べると小ぶりで細長い（高さ6～30m）のが特徴です。残念ながら内部はほとんど盗掘にあっていますが、一部の神殿では今でも美しいレリーフが残っているので要チェックです。観光客が少なく（日本人観光客に会うことはめったにない）、写真撮影の順番待ちなどないので、自分のペースでどっぷり歴史ロマンに浸ることができるでしょう。

その他、ふたつのナイル川（青ナイルと白ナイル）の合流点でもある首都ハルツームもクシュ王国時代の遺産が展示してある博物館見学、市場散策、ナイル川クルーズなど魅力が満載です。アフリカのなかでも温厚でフレンドリーな人々が多いスーダン、なかなかおすすめです。

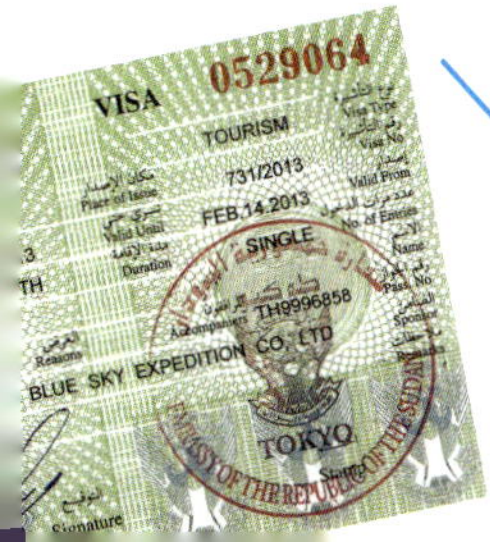

民族衣装トーブを織る職人さん。

市場で寝ながらアクセサリーを売るおじさんを発見。

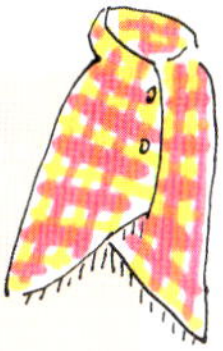

No.096 Information

国名	スーダン
¥	33万～50万円
👣	10～3月
難易度	★★★★☆
誰と？	☑1人　☑カップル　□ハネムーン　□夫婦　☑友達と　□親と　□子連れで

PLAN

1日目	東京発
2日目	ハルツーム着→メロエ泊
3日目	メロエ観光
4日目	メロエ→ハルツーム着
5-6日目	ハルツーム発→東京着

POINT

入国にはビザが必要。ただし、イスラエルの出入国のあるパスポートでは入国できないのでご注意を。イスラム教徒の多い国なので、女性は肌の露出を避けよう。ベストシーズンは10月～3月。砂漠気候なのでマスク、サングラス、スカーフ、寒暖差対策の防寒着が必要。

人が近づいても温かく受け入れてくれるゴリラたち。

097

ボルカノ国立公園／ブウィンディ原生国立公園 ルワンダ・ウガンダ

アフリカの熱帯雨林で絶滅危惧種のマウンテンゴリラに遭遇!

絶滅危惧種として知られるマウンテンゴリラ。個体数は800頭とも900頭ともいわれますが、その半数がルワンダとコンゴ共和国に、残りがウガンダに生息するといわれています。

ルワンダの「ボルカノ国立公園」、ウガンダの「ブウィンディ国立公園」では保護されたマウンテンゴリラを観察するゴリラトレッキングが観光の目玉となっています。

類人猿のなかでも最高に魅力的とされるゴリラ。その姿を至近距離で観察できる体験は、とにかくインパクト大! 人間に慣れているゴリラなら、興味をもって近づいてきたり、触ってきたりすることもあり、体験者たちはみな「まさに感動のひととき」と口を揃えます。

人間並みの色っぽい流し目にノックアウト!

気分はジャングル探検隊。
頼もしいレンジャーさんが案内してくれる。

人を警戒せず、近づいてくることも。
すぐ近くにいるので、こんな写真も撮れちゃいます。

類人猿ファンは必見。食事をしたりじゃれあったりする姿がすぐそこに

熱帯雨林に棲む野生のゴリラは、山のなかを毎日移動し、特定の巣もないため出没場所も決まっていません。出会いのタイミングは運次第。30分で会える場合もあれば、片道2時間以上（ときには5時間も！）歩く場合もあるので覚悟して行きましょう。

現地に行ったら、まず公園事務所でエントリーをします。一緒に行動するグループを決め、レンジャーのブリーフィングを受けたら、車に乗り込みトレッキングの入り口へ。ぬかるみで泥だらけになったり、岩場を乗り越えたり、山歩きに慣れていない人にとってはハードです（自信がない場合は、現地でポーターを雇うことも可能。1回10ドル程度）。

しかし、そんな苦労もなんのその。ゴリラとの出会いの感動はほかの動物の比ではありません。疲れなど一瞬で吹っ飛んでしまうはず。ほんの数m先で昼寝をしたり、食事をしたり、親子でじゃれあったり……人間に共通するしぐさも多く、本当に愛らしいのです。群れのボス、シルバーバックの存在感はさすがのひと言。アフリカを語るにはゴリラトレッキングは欠かせません。

のどかな村で
とことん
のんびり！

No.097 Information

国名　ルワンダ・ウガンダ
¥　30万～60万円
（時期）　6～8月、12～2月
難易度　★★★★★
誰と？　☑1人　☑カップル　☐ハネムーン　☐夫婦　☑友達と　☐親と　☐子連れで

PLAN

1日目　東京発
2日目　キガリ着→ボルカノ国立公園泊
3日目　ボルカノ国立公園泊
4日目　ボルカノ国立公園→キガリ泊
5日目　キガリ発
6日目　東京着

POINT

熱帯雨林のジャングルを歩くので、トレッキングの靴＆服装が必要。ルワンダのボルカノ国立公園では、ゴリラのほかにゴールデンモンキーのトレッキングも人気。興味がある人は、こちらも体験してみよう。

陽気な
女性たちが
ダンスで
お出迎え。

098

サウスルアングア国立公園 ザンビア

知る人ぞ知る辺境サファリで真のアフリカを体験

ザンビア東部に位置するサウスルアングア国立公園はザンビアきってのサファリスポット。ケニアのマサイマラ動物保護区や、南アフリカのクルーガー国立公園などは、サファリ好きの日本人にとってはメジャーな旅先ですが、対してサウスルアングア国立公園を知る人は少ないでしょう。日本人に会うことはまずありません。これは旅に非日常を求める人にはうれしいポイントです。

かといって滞在先がワイルド過ぎるということはありません。1937年に開設された歴史ある国立公園だけあってロッジの施設も充実しています。ナチュラルでありながら高級なロッジも多く、非常に快適なサファリライフを過ごせるのも魅力。大自然に囲まれた環境のなか、洗練されたサービスを受け、上質なサファリを楽しむ、そんな理想的な旅ができる場所なのです。

動物、鳥、昆虫の多さもザンビア随一。9050㎢の圏内には、ライオン、ヌー、バッファロー、キリン、シマウマ、ヒョウ、ウォーターバック、クドゥ、プク、インパラ……そしてアフリカ大陸で指折りのゾウの群れをかなりの確率で見ることができます。また、この地のライフラインにもなっている、大きなルアングア川にはワニ、世界最大級とも呼ばれる無数のカバが生息しています。

ウォーキング・サファリで見つけたライオンの足跡。

乾燥する乾季は川辺に多くの動物が集まる。

シマウマも、バッファローも、キリンも、
とにかく、いろんな動物と目が合っちゃう！

都会での暮らしに疲れたら、サバンナのサンダウナー。オール
インクルーシブのロッジでのんびりしよう。食事のおいしさは特筆もの！

ウォーキング・サファリ発祥の地で 動物の息づかいを感じる

今ではアフリカのいろいろな保護区でやっている「ウォーキング・サファリ」ですが、実はここが発祥。せっかくなので、レンジャーさんと一緒に歩いて動物たちを観察してみましょう。同じ大地に立つと、人間も動物の一種であることを実感します。草むらで足跡、フン、食事の跡、寝床、ときには骨などを見つけるとレンジャーさんがその都度、詳しく説明してくれるので、動物の生態にも詳しくなるはずです。

遠くで聞こえる動物の声を子守唄に就寝すると、翌朝、ほどよい時間にスタッフがドアをノックして起こしてくれます。電話や目覚ましのけたたましい音では味わえない、心地よい目覚めが待っています。

出会えたら
ラッキー♪

希少動物のワイルドドッグ（リカオン）は
世界に3000頭しかいない珍獣。

長い角が
特徴の
ウォーターバック。

No.098 Information

国名　ザンビア
¥　40万～60万円
（足跡マーク）　6～10月
難易度　★★★★☆
誰と？　☑1人　☑カップル　☑ハネムーン
□夫婦　☑友達と　□親と
□子連れで

PLAN

1-2日目　東京発→ヨハネスブルグ着→ビクトリアの滝泊
3日目　チョベ国立公園観光
4日目　ビクトリアの滝→リビングストーン泊
5-6日目　サウスルアングア国立公園泊
7日目　ヨハネスブルグ泊
8-9日目　ヨハネスブルグ発→東京着

POINT

ベストシーズンは6月～10月。12月～4月の雨季はクローズするロッジもあるのでご注意を。サファリ中、ロッジのコックが青空のもとつくってくれるランチもおいしいし、夕日を眺めながらカクテルを楽しむ“サンダウナー”も最高！　ぜひ楽しんで。

『星の王子さま』で知られる不思議な姿の木、バオバブ。

No.099 Information

国名	マダガスカル
¥	37万～60万円
👣	5～9月
難易度	★★★★☆
誰と?	☑1人 ☑カップル ☑ハネムーン ☑夫婦 ☑友達と ☐親と ☐子連れで

PLAN

1日目	東京発→アンタナナリボ泊
2-3日目	アンタナナリボ発→モロンダバ泊
4日目	モロンダバ→アンタナナリボ泊
5日目	アンタナナリボ→ベレンティ自然保護区泊
6日目	ベレンティ自然保護区→フォートドーファン泊
7-8日目	フォートドーファン発→東京着

POINT

マダガスカル入国にはビザが必要。並木道周辺は1年中日差しが強いので日焼け対策やサングラスの用意を。田舎の1本道なので、女性ひとりでは歩かないほうがよい。ロッジに宿泊するなら、虫よけスプレーなども忘れずに。

099

バオバブの並木道・ベレンティ マダガスカル

夕日をバックに赤く染まる不思議な木

はるばるマダガスカルまで来たからには、この景色を見ずには帰れません。それがモロンダバにあるバオバブの並木道です。並木道といっても人が植えたわけではなく、自生している樹木で樹齢は100年以上。道はあとから人間がつくったものです。天に向かって手をのばしているような形が特徴的で、天候に恵まれた日は、夕日に照らされたシルエットがとてもきれいです。

また、ベレンティ保護区の動物たちもマダガスカルの魅力のひとつです。目の前をピョンピョン横っ跳びするベローシファカや、シマシマの尾っぽがトレードマークのワオキツネザルが、愛嬌たっぷりに迎えてくれます。

左／いろんな原猿たちと遊ぶことができるよ!
右／ベローシファカさん、そんなに急いでどこ行くの?

かつて同じ岩山だったとは信じられない壮大な教会。

100

ラリベラ　エチオピア

独自のキリスト教文化が開花した神秘の地

動物や砂漠だけでなく、マニアックなアフリカを味わいたい人は、エチオピア高原の北東部、ラリベラをおすすめします。インパクトのある見どころは、1枚岩を彫り抜いて築かれた11もの教会群です。12〜13世紀にかけてこの地を支配したラリベラ王が、キリスト教の聖地エルサレムをイメージして建てたもので、今もたくさんの巡礼者が訪れます。一番有名なのが真上から十字架に見える「聖ギオルギス教会」。のみと槌だけで縦横12 mもの巨大な建造物を彫ったというから驚き。内部はキリストが誕生した馬小屋、昇天したオリーブ山など聖書に描かれたさまざまな場面が再現されており、エチオピアの原点に触れる旅の醍醐味が味わえるはずです。

左／教会ごとに独自の十字架をもっている。
右／教会は一つひとつ異なる表情を見せる。

No.100 Information

国名　エチオピア
¥　27万〜40万円
10〜3月
難易度　★★★☆☆
誰と?　☑1人　☑カップル　☐ハネムーン　☐夫婦　☑友達と　☐親と　☐子連れで

PLAN

1-2日目	東京発→アジスアベバ泊
3日目	アジスアベバ→バハルダル泊
4日目	バハルダル→ゴンダール泊
5日目	ゴンダール→ラリベラ泊
6日目	ラリベラ→アジスアベバ泊
7-8日目	アジスアベバ発→東京着

POINT

教会内部は土足厳禁。衛生的ではないので汚れてもよい靴下を。湿度が高くノミやダニも多い。虫よけスプレーは必須。肌の露出、牧師の写真撮影も控えよう。食事は残念ながら期待できず、エチオピア名物料理の「インジェラ」は口に合いにくいかも。

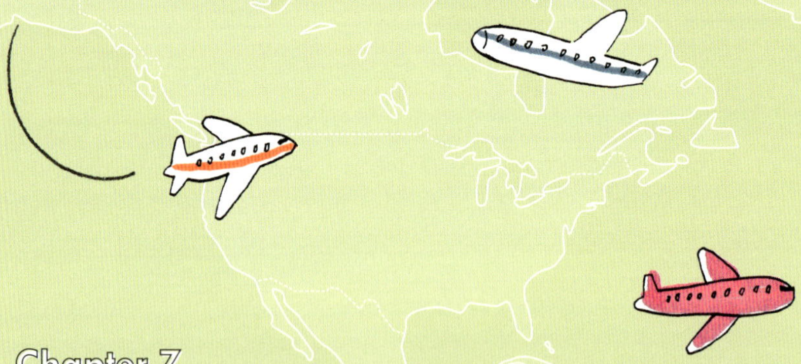

Chapter 7

World travel tips & articles

絶景旅を楽しむための、知っておきたい旅のあれこれ

旅をしたとき、絶景とともに胸に刻まれるのがさまざまなエピソード。最後の章では、旅をもっと楽しむための準備、ということで編者4人による体験談をお届けします。お土産選びや、誘惑のかわし方などなど、スマートなおとな女子旅の参考にぜひ！　また「次はどこへ行こうかな」と迷ったときに役に立つ、おすすめの場所もランキング形式でご紹介します！

井原 三津子

Mitsuko Ihara

渡航182カ国。豊富な経験をもつ旅行ジャーナリスト。世界の高級ホテルやユニークなホテル、アフリカをはじめとする辺境に詳しい。

崎 由香里

Yukari Saki

渡航70カ国。かわいらしい見かけとは裏腹に、雑踏のなかの屋台めぐりや遺跡めぐりなどが得意。

渡航回数は、4人合わせて625回!

だから私は旅に出る

ここまでの絶景スポットを解説してきた“旅のプロ”4人が集結! 本編から惜しくもこぼれたエピソードやとっておきの体験を語ってもらいました。

辻 理恵子

Rieko Tsuji

渡航74カ国。タイではバンコクの中心地で1年間ホームステイ。タイ語がペラペラで、現地でよく道を聞かれるほどに。

山本 みな

Mina Yamamoto

渡航67カ国。学生のときにトルコからポルトガルまでひとり旅をして以来旅にハマる。どの国へ行っても大体その国の人の顔になりきれるという得意技がある。

お土産編

毎日お尻から木クズを出すキリン!?

旅といえばお土産選びですが、買って正解だったものはなんですか?

崎　私は民族衣装が好きです。インドのパンジャビスーツは日本で着てもかわいいので、おすすめ。パシュミナのストールも大活躍してます。

井原　中国の雑貨やアクセサリーも安くてかわいいですよ。会社の同僚など、何人にも配らなければいけないお土産に最適ですね。軽いし。

山本　私は、ベルギーのブルージュで買ったアンティークレースを大切にしています。手編みなので、温かみがあって素敵なんです。

辻　アフリカのサファリに行くと、やっぱり木彫りの動物がほしくなりますね。家が若干、動物園化してます（笑）。

一同　あれ、買っちゃうよね。

井原　うちに大きいキリンが３匹います。1mくらいあるかな。

辻　よく、もって帰れましたね!

井原　カバもコロンとしてすごくかわいらしいの。

崎　でも、ちゃんとしたところで買わないと大変なことになりますよね。

山本　そうそう。

崎　前、会社にあったキリンがそうだったね。気づいたら、お尻の下に木クズが積もっていて……不思議に思いながら掃除したら、また次の日も同じように積もってた。

辻　ひょっとして、生きてる?（笑）

井原　中にいた虫の仕業ね。

山本　絨毯やラグ、籐製品も気をつけたほうがいいですよね。

崎　うちは帰国すると、夫がスーツケースの中身を全部出して、隅から隅まで洗浄するんです。

山本　やってくれるなんてやさしい。

崎　私のためじゃなくて、飼っている犬のためにね（笑）。

井原　虫は怖いわよ。

崎　ブラジルで虫にさされ、アザができたと思ったらなんと皮下で卵を産んでいて、それが孵化してどんどん腫れてしまったという人がいましたよ。

一同　ギャー!

井原　ペルーで花柄のストッキングをはいていたら、虫にすごい刺されたっけ。それ以来、花柄は避けているわ。

ハプニング 編

女性のひとり旅は、指輪が役に立つ

旅にトラブルはつきものですよね。怖い思いも相当しましたか？

井原　ハプニングはしょっちゅう。安全な国のはずのタヒチで突然、ホテルの窓ガラスが割れたり、暴動に遭遇したり……。

崎　砂漠で砂嵐にあったときは、本気で死を覚悟しました。

辻　私は運がいいことに、そこまで怖い思いはないです。お金もとられたことないし。でも、親切だと思ったおじいさんに、畑の真ん中でキスされたことはあるけど（笑）。

山本　あるある！　私もギリシャからトルコに向かう列車のなかで､いきなりおじさんにブチューってされましたよ。当時 20 歳ぐらいだったから、相当動揺しました。

井原　やっぱり、女性のひとり旅は注意したほうがいいわね。

山本　足場の悪いところや、電車の乗り降りで体を支えるふりして、触ってくる人もいるから、露出はなるべく控えるべき。

崎　旅先はつい開放的な気分になっちゃいますもんね。私は、ホテルで部屋をノックされても、絶対に出ないようにしています。なにか用があるなら、電話でいいわけだし。

山本　中東のチャイハネ（喫茶店）で「上の階で一緒に水タバコ吸わない?」もナンパの常套句ですよね。

崎　下心のある人もさすがに結婚指輪を見るとあきらめますよね。ひとり旅なら独身でも薬指に指輪をつけて、「主人が待っているので」と逃げる！

辻　特に日本人は若く見られるから、指輪作戦はあり！　30 代の私でも、いまだに 20 代に間違えられますもん。

山本　逆に出会いを求めたい人は、していかないのもあり（笑）。

井原　でも、日本国籍目当ての人も、ゼロではないから気をつけてほしいな。

「トントン」は要注意！

ハートウォーミング編

旅行客と部屋で仲よく筋トレ！

もちろん、心温まる出会いもたくさんありますよね？

一同　あるある!!

崎　断然そっちのほうが多い。

辻　パプアニューギニアに行ったときに、たまたまホテルが一緒だったアメリカ人女性と、一緒に筋トレしたのが思い出に残ってるな。

崎　なんでまた？

辻　電気はかろうじて通っていたけど、部屋にテレビがないホテルだったの。だから、夜暇でしょ。で、彼女に「夜なにする?」って聞かれて、「筋トレ」って答えたら「じゃ、私も一緒にやるわ」って。クランチやプッシュアップなどスポーツジムで覚えた英語が、ひょんなことで役立ったわ（笑）。

山本　それで、ふたり仲よく汗をかいたわけね。

辻　調子に乗って次の日も誘ったら、「今日は疲れた」って断られちゃった（笑）。

井原　どれだけハードだったの。

辻　でも、なぜかお詫びにタップダンスを披露してくれました。う〜ん、楽しかったな！

崎　向こうで出会う旅行客はめちゃくちゃフレンドリーよね。旅が好きっていう共通点だけで仲良くなれちゃう。

井原　私が一番感動した出会いはネパール。娘が肌身離さず大事にしていたクマのぬいぐるみを、うっかりホテルに忘れてしまって。“クマ子”って名前なんだけどね。それが空港で発覚して。そうしたら、ガイドさんが、通りがかりの人のバイクを「借りるよ」と奪い取って、取りに行ってくれたの。飛行機の時間も近づいて、あきらめかけてたその瞬間、出国ゲートをくぐる間際に「クマ子、いたよ——！」って言いながら戻ってきてくれたの。もう、私も娘も感動で号泣。しかも、チップも受け取らないの。

崎　仏教国の人はやさしいですよね。

山本　スリランカの人は虫も殺さない。めちゃくちゃ蚊が多いのに！

井原　エチオピアのガイドさんにも親切にしてもらったな〜。うっかりムール貝入りピザを食べたら、見事にあたっちゃって。大晦日だったから病院もやってなくて困ってたら、どこからかお医者さんを連れてきてくれたの。あとから聞いたら、友達とディナー中だったところを「日本の子どもが大変なんだ」って、無理矢理お願いしてくれたみたいなの。本当に助かったわ。

辻　素敵。惚れちゃうかも！

山本　わかる！　私も、グランドケイマンのビーチで途方に暮れていたとき、助けてくれたおじさんに惚れそうになった。

井原　どうしたの？

山本　ビーチに行くのはタクシーで行ったんだけど、結構料金が高かったので、帰りはバスで帰ろうと思ったら、全然バスがなくて。そしたら、親切なおじさんが現れて。車で近くまで行く人を探してくれたんです。

もう神様に見えた。

崎　言葉が通じる国でよかったね。

山本　いやいや、それが通じなくって。携帯の翻訳アプリで会話したんです。

井原　今は便利よね〜。

山本　これを読んでいる、旅好きのみなさん。日帰り観光の際は、必ず帰りの足は確保しておきましょう。私からのお願いです（笑）。

イケメン編

ブータン人の奥ゆかしさにキュン

親切にしてもらったのが縁で、実際恋に落ちたことはないんですか？

井原　それはないけど、イケメンが多い国はやっぱりウキウキするわよね。

一同　うんうん。

井原　イタリア、フランスは普通にかっこいい！　ファッションも素敵だし。身のこなしもスマート。

崎　好みもあるけど……私は、ブータンの男性が好き。

辻　同感！

崎　顔立ちが、キリッとしていて精悍ですよね。

辻　古きよき時代の日本人みたい。

山本　そうそう、民族衣装の「ゴ」が着物に似ているしね。

崎

まさに、制服マジック！

井原　性格も純朴でいいわよね。

崎　背も意外と高いし、メタボもいない。タバコもお酒も飲まない。ジェントルマンよね〜。

山本　ゴの袖で口を隠して咳をしているのを見たとき、キュンときましたね。なんて、奥ゆかしいのかしらと（笑）。

辻　まさに“絶景かな、絶景かな”。人間ですけど（笑）。

崎　女友達と旅をするというお客さまに「ブー

- [ ] SOUVENIR
- [ ] HAPPENING
- [x] HEART-WARMING
- [x] GOOD LOOKING GUY

タンいいですよ」ってすすめたことがあるんです。そしたら、帰国後に「大正解でした」ってお礼の言葉をいただいたことがあります。毎晩、“今日のイケメン”話で盛り上がったらしいですよ。

辻　うちの旦那は、逆に「美女が多い」って喜んでましたよ。また行きたいって。

井原　ブータンはリピーターが多いわよね。そのせいかしら……？

辻　ほんと、そういうのも旅の楽しみのひとつですよね。

一同　もちろん！

井原　こらこら。みんな人妻でしょ（笑）。

Mitsuko Ihara

Yukari Saki

Rieko Tsuji

Mina Yamamoto

世界のなんでもランキング

ココだけは一生に一度は行ってほしい!
世界を知りつくした編者たちが、本当におすすめしたいホテル、リゾート、秘境中の秘境 etc……。
勝手にランキング形式でご紹介します。

世界のベストホテル BEST25

1位 モンボキャンプ（ボツワナ）

2位 シンギタ・レボンボ&スウェニ（南アフリカ）

3位 リッフェルアルプリゾート 2222m（スイス）

4位 メネンバ・クラブ（タンザニア）

5位 サンクチュアリー・オロナナ（ケニア）

6位 ウメイド・バワン・パレス（インド）

7位 プティ・セントビンセント・リゾート（セントビンセント・グレナディーン諸島）
8位 ジラフマナー（ケニア）
9位 タランギレ・ツリートップス（タンザニア）
10位 コンスタンス・ハラベリリゾート（モルディブ）
11位 カナヴェス・イア（ギリシャ）
12位 ンゴロンゴロ・クレーターロッジ（タンザニア）
13位 ロイサバ・スターベッド（ケニア）
14位 リプリアーニ・ヴェンドラミン（イタリア）
15位 アマンプロ（フィリピン）
16位 インバロキー・キャッスル（スコットランド）
17位 イル・サンピエトロ・ディ・ポジターノ（イタリア）
18位 サクソンホテル・ヴィラズ & スパ（南アフリカ）
19位 グランドホテル・キャップフェラ（フランス）
20位 はなのいえ（ネパール）
21位 イン・アット・リトル・ワシントン（アメリカ）
22位 タージレイク・パレス（インド）
23位 ジャオジャオ・ホテル & リゾート（アルゼンチン）
24位 クイジナート・ゴルフリゾート & スパ（アンギラ）
25位 リザード・アイランド（オーストラリア）

旅の良し悪しを大きく左右するホテル。寝られればOKという10代、20代とは違って、ある程度の年齢になると、ホスピタリティが重要となってくる。ボツワナのテントロッジ「モンボキャンプ」はナチュラル好きな人に絶対におすすめ。部屋にリスも遊びにくるほど、開放的でリラックス度満点。シンギタ・レボンボ&スウェニはすべてが贅沢だが、サービスは自然でフレンドリー。その絶妙バランスが世界トップクラスの所以。セレブに愛されるのもうなずける。ケニアやタンザニアのロッジはどこも素晴らしいが、とにかくインパクト大なのが、8位のジラフマナー。広大な敷地内にはキリンが放し飼いにされており、餌をあげたり触れたりすることができる。「信じられない!」という人は、ぜひ行って確かめてみて!

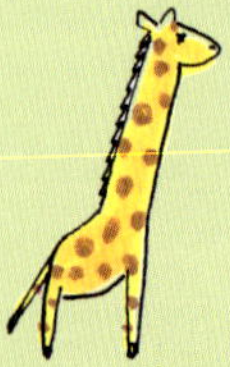

WORLD RANKING for Travel

BEST 1

BEST 2

BEST 3

BEST 4

BEST 5

BEST 6

キリンが部屋に
やってくる!?

今は残念ながら行けないけど素晴らしい観光地 BEST 10

1位 **バンディアミール湖**（アフガニスタン）

2位 **サナア**（イエメン）

3位 **泥のモスク**（マリ）

4位 パルミラ遺跡（シリア）
5位 サブラータ遺跡（リビア）
6位 シバーム（イエメン）
7位 フンザ（パキスタン）
8位 ドゴン族の村（マリ）
9位 バールベック遺跡（レバノン）
10位 ルムシキ（カメルーン）

BEST 1

世界にはテロや治安情勢により、外務省から退避勧告が出されている国がいくつかあります。しかし、そんな国にも美しく、魅力的な観光スポットはたくさん存在します。バンディアミール湖の青さと透明度は、「砂漠の真珠」の呼び名にふさわしい美しさを誇ります。イエメンの首都、サナアの旧市街はまさに別世界。不思議な建物群が旅人を魅了します。再び平和が訪れ、ひとりでも多くの人が、これらの絶景を見て感動する日がきますように……。

BEST 2

BEST 3

15万円以下で行ける絶景 BEST 10

1位 **シギリヤ遺跡**（スリランカ）

2位 **バックウォータークルーズ**（インド）

3位 **ボロブドゥール遺跡**（インドネシア）

4位 鳳凰（中国）
5位 ルクソール（エジプト）
6位 ジャイサルメール（インド）
7位 ヒワ（ウズベキスタン）
8位 ワットプー（ラオス）
9位 サマルカンド（ウズベキスタン）
10位 サパ（ベトナム）

BEST 1

絶景というと、日本から何十時間もかかり、旅費も30万以上かかるイメージがあるが、実は気軽に行ける場所もたくさんある。スリランカのシギリヤ遺跡は、ジャングルに突如現れる幻想的な岩山が見もの。インドのバックウォータークルーズは無数の入江がデルタをつくる水郷地帯で、のどかな船旅が楽しめる場所だ。時期を選べば、エジプトの超人気スポット、ルクソールにだって15万円以下。これは行くしかない！

BEST 2

BEST 3

息をのむ美しいビーチ BEST 10

1位 ボラボラ島
（タヒチ）

2位 モルディブ
（モルディブ）

3位 グレナディーン諸島
（セントビンセント・グレナディーン諸島）

4位 アイツタキ島（クック諸島）
5位 アンギラ（カリブ海）
6位 ザンジバル島（タンザニア）
7位 ターコス・カイコス（ターコス・カイコス諸島）
8位 リザード島（オーストラリア）
9位 ランギロア島（タヒチ）
10位 アンティグア島（アンティグア・バーブーダ）

ひと口に美しいビーチといっても、好みは人それぞれ。白砂が続くビーチ、岩がゴロゴロした野性的なビーチ、サンゴ礁が群生するビーチ、買い物も楽しいビーチ……さまざまなタイプがあるが、ここで選んだのは、“海を眺めながらシャンパン片手に、のんびり過ごす”、そんなシーンが似合うビーチ。透明度の高い海はもちろんのこと、スパや食事などホテルライフも魅力的な場所が多いので、日ごろの疲れを癒やしたい人におすすめ。

一生に一度は行ってみたい、秘境中の秘境 BEST 10

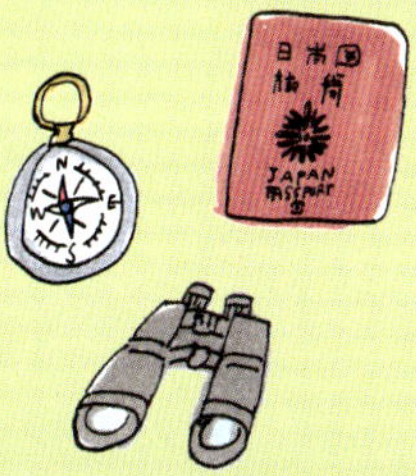

1位 カイラース
（チベット）

2位 ムスタン王国
（ネパール）

3位 ザンスカール
（インド）

4位 ワハーン回廊（アフガニスタン）
5位 リンヤンティ保護区（ボツワナ）
6位 ベンゲラ・アイランド（モザンビーク）
7位 ノース・アイランド（セイシェル）
8位 アルナチャール・ブランデーシュ（インド）
9位 ダナキル砂漠（エチオピア）
10位 少数民族地帯（エチオピア南部）

インターネットで検索すれば簡単に情報が手に入る時代。本当の意味での“秘境”は、世界中どこを探してもないのでは？　と思いきや、まだまだあった。カイラースは信仰の対象となっていて、入山許可が下りない前人未到の山。また、近年まで鎖国政策がとられていたムスタン王国は、現在でも訪れるには政府による許可証が必要。その他の場所も、物理的に行きにくいが、たどり着いたときは感慨ひとしお。きっと忘れられない旅になるはず。

Epilogue

「おとな女子が見たい　世界の絶景100」はいかがでしたか。

お気に入りの絶景、行ってみたい絶景はみつかりましたか。

本書は、旅行会社ファイブスタークラブの女性スタッフたちが、自ら足を運んだ旅の記録をまとめたものです。

旅行会社は旅好きの集団だと思われがちですが、実は「旅が好きなだけではつとまらない」というのが業界の常識です。売上高や送客数を考えなければならないからです。ところが、ファイブスタークラブは、そんなことは二の次、三の次、とにかく「旅が大好き」という人間が集まってしまった珍しい会社です。

世界を350回以上渡航した人、添乗に300回近く行った人、旅行作家協会会員でガイドブックやエッセイを出版している人……公私ともに旅を重ね、その体験をもとにしたツアーを提供。特に世界の辺境、未知なる国々を紹介することを得意としています。そのためにも、スタッフは年に5～6回海外の新たな旅先を視察し、ツアーづくりに生かしています。そんななかで撮りためた世界170カ国の写真も15万枚を超えました。

現在、世界情勢は必ずしも安定しているとはいえません。特に、中近東エリア＝危険で怖い、と感じている人は多いと思います。しかし、最低限のルール（夜ひとりで出歩かない、盗難に注意するなど）を守れば、楽しく旅をできる場所はたくさんあります。中東の国々のなかでも危険な国とそうでない国があることを知ってほしいと思い、今回は大方のイメージとは違った豊かで美しい中近東エリアもたくさん紹介しています。

残念ながら、シリア、イエメン、マリ、リビアなど、今現在行くことができない国もあります。それでもなおランキングでご紹介したのは、1日も早く平和な日が訪れ、その地の美しさを多くの人々に見てほしいという願いからです。

旅の目的はいろいろあります。感動するポイントも人それぞれです。

けれども、旅を計画しているときのワクワク感は誰もが一緒ではないでしょうか。

本書がきっかけとなり、ひとりでも多くの心に“ワクワク”が生まれれば本望です。

「おとな女子が見たい　世界の絶景100」編集部

編者「世界の絶景100選考委員会」

井原 三津子
Mitsuko Ihara

Member no.1

渡航182カ国。豊富な旅の経験をもとに、新聞や雑誌に旅のエッセイを執筆する旅行ジャーナリスト。主な著書に『1歳からの子連れ辺境旅行』『一度は泊まってみたい極楽ホテル』ほか。日本旅行作家協会会員。世界の高級ホテルやユニークなホテル、アフリカをはじめとする辺境に詳しい。また、ヨーロッパなどの手配旅行にも自信をもち、ファイブスタークラブの文字どおり５つ星の高品質の旅を手づくりでお世話をするスペシャリスト。現在18歳の愛娘が1歳のときから、ケニア、ナミビア、マリ、アルジェリア、キルギス、ウガンダ、リビア、グルジア、ブータンなど117カ国もの国々を子連れ旅行した。

【 行ったことのある主な国 】

タンザニア、ケニア、南アフリカ、ザンビア、マダガスカル、ウガンダ、ペルー、ブラジル、アルゼンチン、ギリシャ、ヨルダン、アルジェリア、イスラエル、インド、ブータン、グルジア、キルギス、ベルギー、フランス、イタリア、クロアチア、チリ、コソボ、ボツワナ、ルワンダ、リトアニア、コンゴ民主共和国、パキスタン、ロシア、トルクメニスタン

崎 由香里
Yukari Saki

Member no.2

渡航70カ国。「タイではビーチでのんびり過ごすよりも、下町の雑踏のなかで屋台めぐりをしたり、遺跡をめぐったりするような旅が好き」と話す行動派。もともと大手系の旅行会社でタイのツアーの企画をしていたが、もっと多くの世界を知ってみたいと思い、ファイブスタークラブに合流した。大好きな国はやっぱり、タイ。その他、ケニア、タンザニア、ジンバブエ、クロアチア、ブラジル、イスラエル、インド、モロッコ、エチオピアなど世界中に広がっている。

【 行ったことのある主な国 】

ケニア、タンザニア、ジンバブエ、ボツワナ、南アフリカ、ザンビア、マダガスカル、エチオピア、マリ、ブラジル、ペルー、エクアドル、メキシコ、ブータン、インド、トルコ、モロッコ、チュニジア、クロアチア、アルメニア、チェコ、イタリア、ボリビア、ヨルダン、イスラエル、スペイン、ポーランド、モルディブ、ウズベキスタン

世界の辺境・秘境を中心に“こだわりの旅”をプロデュースする旅行会社、
株式会社ファイブ・スター・クラブの女性スタッフ4名により結成された。
大人の女性にこそおすすめしたい旅先を厳選し紹介している。

辻 理恵子

Rieko Tsuji

Member no.3

渡航74カ国。初めての海外旅行で訪れたネパールで2週間にわたり山中の村々を訪れるヒマラヤトレッキングを体験し、目から鱗の大感動。以来数々の国を訪れ、タイではバンコクの中心地で1年間ホームステイ。ホームステイ先でタイ語をかなり鍛えられ、よく道を聞かれるほどにタイナイズする。田舎町ピッサヌロークの山中のリゾート内レストランではお手伝いをしつつ、カオパット（焼き飯）をつくり客に出していたこともあるツワモノ。食べることも大好きで世界中の料理を食べるのも目標のひとつである。

【 行ったことのある主な国 】

ケニア、ナミビア、南アフリカ、カメルーン、ウズベキスタン、メキシコ、キューバ、ペルー、ドミニカ共和国、モロッコ、チュニジア、リビア、トルコ、シリア、ヨルダン、エジプト、ミャンマー、イタリア、マルタ、ルーマニア、ブルガリア、パプアニューギニア、マダガスカル、タンザニア、ブータン、ボリビア、コスタリカ、セイシェル、モンゴル

山本 みな

Mina Yamamoto

Member no.4

渡航67カ国。日常に疲れて旅に出ようと思った人に、的確なアドバイスをするのが得意。話をするだけで癒やしと安らぎを感じられるはず。大学生のとき、トルコからポルトガルまでひとり旅をして以来、旅が大好きになった。ペルーへ航空券だけもってふらりと旅立ったこともある。どの国へ行っても大体その国の人の顔になりきれるという得意技がある。

【 行ったことのある主な国 】

マダガスカル、ケニア、南アフリカ、ザンビア、ベネズエラ、エクアドル、アルゼンチン、ペルー、モロッコ、イラン、シリア、イエメン、ウクライナ、ウズベキスタン、バングラデシュ、ブータン、インド、ネパール、スリランカ、カンボジア、ポルトガル、タンザニア、チェコ、ハンガリー、クロアチア、スロベニア、ジャマイカ、メキシコ

デザイン　木村美穂
イラスト　ミヤタチカ（P4～223, 230～233, 240）
堀道広（P224～229）
写真　株式会社ファイブ・スター・クラブ
監修　川崎真弘
企画　井原三津子、崎由香里、辻理恵子、山本みな
協力　渡邊竜一、櫻本竜市、本山泰久、菅原幸介、橋本康弘、
小澤誠、岡野由里、久保井奈々子、能祖文子、森裕、
栗山智美、平田真美、仙波佐和子、池田郁依、楠本悠子、
大野史子、増田里沙、大道隆宏、池田知隆

おとな女子が見たい
世界の絶景100

2015年6月30日　第1刷発行

編者　世界の絶景100選考委員会
発行人　久保田貴幸

発行元　株式会社 幻冬舎メディアコンサルティング
〒151-0051 東京都渋谷区千駄ヶ谷 4-9-7
電話 03-5411-6440（編集）

発売元　株式会社 幻冬舎
〒151-0051 東京都渋谷区千駄ヶ谷 4-9-7
電話 03-5411-6222（営業）

印刷・製本　瞬報社写真印刷株式会社

検印廃止

©Five Star Club. Inc, GENTOSHA MEDIA CONSULTING 2015 Printed in Japan
ISBN978-4-344-97251-3　C0095
幻冬舎メディアコンサルティング HP
http://www.gentosha-mc.com/

※落丁本、乱丁本は購入書店を明記のうえ、小社宛にお送りください。送料小社負担にてお取替えいたします。
※本書の一部あるいは全部を、著作者の承諾を得ずに無断で複写・複製することは禁じられています。
定価はカバーに表示してあります。